burda

Blitzschnell kochen

burda

Blitzschnell kochen

leicht & abwechslungsreich

EDITION XXL

Vorwort

Dieses Buch zeigt Ihnen, wie Sie in bereits 10 Minuten ein Essen zubereiten können, sei es in der Mittagspause oder für unangemeldeten Besuch. Für diese und andere Anlässe braucht man „schnelle Rezepte", für Gerichte, die nicht nur schmecken und gut aussehen, sondern auch leicht bekömmlich sind und nach Möglichkeit aus frischen Zutaten bereitet werden.

Speisen, die nur so kurz wie nötig gegart werden, haben einen erhöhten ernährungsphysiologischen Wert. Das heißt: Wer die Speisen auf den Punkt genau gart, erzielt nicht nur den vollkommenen Geschmack, sondern erhält auch weitgehend die Vitamine und Mineralien, die in den Zutaten enthalten sind. Probieren Sie es aus und der Erfolg bei Ihrer Familie und Ihren Freunden ist Ihnen sicher.

Verwenden Sie die Zutaten entsprechend den Jahreszeiten. Gemüse und Obst haben das beste Aroma in ihrer Hauptsaison.

Für die schnelle Küche ist eine gute Vorratshaltung sei es im Kühl- oder Gefrierschrank ebenso wichtig wie das große Angebot an schmackhaften Fertigprodukten.

Großer Beliebtheit erfreuen sich beispielsweise die zahlreichen Fertigsoßen, die wesentlich zur Arbeits- und Zeitersparnis beitragen.

Zu guter Letzt sei noch erwähnt, daß es im Handel eine Reihe an praktischen Haushaltsgeräten wie z.B. die Mikrowelle oder den Schnellkochtopf gibt, die den Küchenmeister zum wahren Zauberkünstler werden lassen.

Wir wünschen Ihnen viel Erfolg bei den blitzschnellen Gerichten und einen guten Appetit.

Inhalt

Nützliche Küchenhelfer

Elektro- oder Gasherd?
Wenn es um Geschwindigkeit geht, ist natürlich der Gasherd im Vorteil, da er keine Aufwärmzeit hat. Köche schätzen ihn aber vor allem, weil er nicht nachheizt.
Bei Umluftbacköfen kann man davon ausgehen, daß die Temperatur im Vergleich zu normalen Elektrobacköfen 20-30°C niedriger eingestellt werden sollte, da die intensive Hitze die Lebensmittel schneller bräunen läßt.
Heißluftherde werden außerdem sehr schnell heiß und benötigen keine Vorheizzeit. Die Umrechnung von Elektro- zu Gasherden kann wie folgt durchgeführt werden:

Elektroherd	Gasherd
125-150°C	*Stufe 1-2*
175-190°C	*Stufe 2-3*
190-205°C	*Stufe 3-4*
205-220°C	*Stufe 4-5*
220-235°C	*Stufe 5-6*
235-250°C	*Stufe 6-7*
250-275°C	*Stufe 7-8*

Die Auflaufform
Auflaufformen gibt es in verschiedenen Formen und Größen.

Wenn kein passender Deckel vorhanden ist, deckt man die Form mit Alufolie ab.

Der Kochtopf
Töpfe gibt es in vielen Größen und Materialien.
Am geeignetsten sind Edelstahltöpfe, sie sollten in keinem Haushalt fehlen. In Edelstahltöpfen kann man wasserarm garen.

Der Kontaktgrill
Der Kontaktgrill ist ein idealer Küchenhelfer für 1-2 Personen. Bei diesem Grill geht die Hitze von 2 elektrisch beheizten, gerillten Platten aus. Die Platten können aus beschichtetem Aluminium, Gußeisen oder Stein bestehen. Sie sollten vor dem Beheizen eingefettet werden. Das Grillgut wird dann zwischen beiden Platten eingeklemmt und ist minutenschnell fertig.
Der Kontaktgrill kann, wenn man ihn ganz aufklappt, auch als Tischgrill für mehrere Gäste oder Partys eingesetzt werden.

Die Mikrowelle
Blitzschnelles Küchengerät zum schonenden Garen von Speisen. Schnelles Erwärmen von größeren Mengen oder einzelnen Portionen. Ideal zum Auftauen tiefgefrorener Lebensmittel wie Fisch, Fleisch, Gemüse oder Backwaren, aber nicht von Obst. Man benötigt für dieses Gerät hauptsächlich spezielles Geschirr! Wenn man überbacken möchte, braucht man ein Kombigerät.

Die Puddingformen
Puddingformen gibt es aus feuerfesten Materialien. Die Form zum Garen gut verschließen oder mit Alufolie abdecken. Im Wasserbad langsam garen.

Der Schnellkochtopf
Die Handhabung ist einfach und die Technik sicher. Speisen, die in normalen Töpfen ca. 60 Min. kochen, brauchen nur ca. 15 Min.

Die Souffléform
Souffléformen sind hohe Formen aus feuerfestem Material. Man muß sie gut einfetten, damit das Soufflé aufgehen kann. Nicht vor Ende der Garzeit den Ofen öffenen und nach Herausnahme des Soufflés Zugluft vermeiden, sonst fällt es zusammen! Das Soufflé heiß servieren.

Der Tontopf
Tontöpfe sind aus besonderem Ton gefertigt. Sie sind für den Backofen und die Mikrowelle geeignet. Vor jedem Gebrauch den Topf und Deckel in Wasser tauchen, damit der Ton sich vollsaugen kann. Den Topf in den kalten Ofen stellen.

Der Wok
Die Zubereitung in einem Wok ist sehr schonend. Hier werden mit wenig Fett und ganz ohne Wasser sehr kurze Garzeiten erreicht.

Kleines ABC der Küchenbegriffe

Abbrennen: Bei gleichbleibender Wärmezufuhr einen Mehl- oder Grießbrei rühren, bis er sich als Kloß vom Topfboden löst.
Abschlagen: Schlagen von rohen Zutaten unter Wärmezufuhr bis zu einer dickflüssigen oder cremigen Konsistenz.
Abschrecken: Gegarte, heiße Lebensmittel mit eiskaltem Wasser übergießen.
Bardieren: Umlegen oder Belegen von magerem Fleisch mit Speckscheiben.
Beizen: Fleisch, Geflügel, Wild in ein Gemisch aus Essig oder Wein, Öl, Milch, Gewürzen und Kräutern einlegen, um sie mürber und würziger zu machen.
Binden: Flüssigkeit durch Bindemittel sämig kochen.
Blindbacken: Form mit Teig auslegen, den Boden mit einer Gabel mehrmals einstechen, mit Hülsenfrüchten füllen und backen, Hülsenfrüchte entfernen.

Blanchieren: Topf mit Wasser erhitzen und das Gargut mit einem Schaumlöffel ins kochende Wasser tauchen. Mit eiskaltem Wasser abschrecken. Das Blanchiergut behält dadurch seine Farbe und Nährstoffe.

Bridieren: Fleisch, Fisch oder Geflügel mit Nadel und Faden in die gewünschte Form bringen.
Dünsten: Mit sehr wenig Flüssigkeit, mit oder ohne Fett, im geschlossenen Topf garen. Nährstoffe bleiben größtenteils erhalten.
Filetieren: Fischfilets von den Gräten lösen. Bei Zitrusfrüchten Filets aus den Trennhäuten lösen.
Flambieren: Speisen mit erwärmten hochprozentigen Spirituosen übergiessen, anzünden und abbrennen lassen, so werden die Speisen aromatischer.
Fritieren: Lebensmittel im Fettbad bei 180-200°C ausbacken.

Gar ziehen: Lebensmittel am Rande des Siedepunktes (unter der Kochgrenze) in Flüssigkeit garen.
Gratinieren: Speisen überbacken, so daß sie eine Kruste bekommt.
Grillen: Garen und bräunen durch Strahlungshitze mit oder ohne Fettzugabe.
Legieren: Suppen, Saucen oder Cremes mit Eigelb oder Sahne sämig machen.
Panieren: Lebensmittel vor dem Braten oder Fritieren z.B. in Mehl, verschlagenem Ei und Semmelmehl, Kokosflocken oder zerkleinerten Nusskernen wenden.

Parieren: Fleisch oder Fisch von Haut, Fett und Sehnen trennen.
Passieren: Gegarte Speisen oder roh pürierte Früchte durch ein Sieb streichen.
Pürieren: Rohe oder gegarte Lebensmittel mit Hilfe einer Küchemaschine oder dem Handrührgerät zu Püree zerkleinern.
Reduzieren: Brühen, Suppen oder Saucen solange kochen, bis so viel Flüssigkeit wie gewünscht verdampft ist.
Schmoren: Im Fett anbraten und anschließend in wenig Flüssigkeit im geschlossenen Topf garen. Anfangstemperatur ca. 180°C, nach Flüssigkeitszugabe ca. 100°C.
Tranchieren: Rohe oder gegarte Lebensmittel in Teile oder Scheiben zerlegen.
Wasserbad: Garen von empfindlichen Speisen in einer Schüssel, die in einem Topf mit heißem Wasser hängt.

Lagerzeit im Gefrierschrank (-18°C und tiefer)

Fertiggerichte	*ca. 3 Monate*
Fisch, mager	*3-6 Monate*
Fleisch	*6-12 Monate*
Fruchtzubereitungen	*6-12 Monate*
Geflügel	*3-6 Montate*
Gemüse	*6-12 Monate*
Hackfleisch	*1-3 Monate*
Kartoffelerzeugnisse	*3 Monate und länger*
Krusten- und Schalentiere	*3 Monate und länger*
Obst und Fruchtzubereitungen	*6-12 Monate*
Speiseeis	*3-5 Monate*
Torten und Kuchen	*3 Monate*

Gemüse tiefgefrieren
Für das Gefrieren sollten Gemüsesorten verwendet werden, die einen gleichbleibenden Genußwert haben - ob sie nun aus frischer oder gefrorener Ausgangsware zubereitet wurden. Mittlerweile gibt es viele Gemüsesorten, die speziell für das Gefrieren gezüchtet worden sind.
Gemüse, das ohnehin gekocht wird, kann gleich eßfertig oder blanchiert tiefgefroren werden.
Pflanzliche Lebensmittel ohne formerhaltendes Stützgewebe wie z.B. Blattgewächse, fallen nach dem Gefrieren und Auftauen in sich zusammen. Deshalb sollte nur Blattgemüse tiefgefroren werden, das gekocht gegessen wird.
Andere Gemüsearten wie Fruchtgemüse (z.B. Gurken und Tomaten) kann zwar seine Form gut halten, verliert aber seine knackige Konsistenz.

Obst tiefgefrieren
Die Frucht ist imstande, den vollen Saftgehalt der Zellen zu speichern. Das ändert sich beim Tiefgefrieren.
Im Gegensatz zu Fleisch oder Gemüse ist es nicht möglich, tiefgefrorenes Obst dem frischen gleichzusetzen - aber das Tieffrieren übertrifft alle anderen Konservierungsarten um Längen.
Obst muß ausgereift sein.
Einige Obstarten sollten blanchiert und/oder in Zuckerlösung gefroren werden. (400 g Zucker auf 1 Liter Wasser, dem 1 g Zitronensäure zugesetzt wird). Dadurch erreicht man einen Sauerstoffabschluß, der Veränderungen verzögert. Bei anderen Sorten genügt Trockenzuckerung vor dem Einfrieren oder beim Auftauen.
Nach dem Auftauen Früchte umgehend verbrauchen!
Aufgetaut wird Obst bei Raumtemperatur!

Fleisch tiefgefrieren
Je jünger das Tier war, desto besser. Dabei eignen sich magere oder mittelfette Stücke besser als fette.
Das Fleisch sollte abgehangen sein, denn sonst bleibt es zäh.
Auch Wurst und Räucherwaren können eingefroren werden - jedoch ist die Lagerzeit wegen Fettgehalt und Würzzugabe geringer als bei Fleisch.
Das Fleisch sollte immer für eine Mahlzeit portioniert werden. Es sollten nicht mehr als 2,5 kg pro Packung eingefroren werden.
Fleisch sollte man immer so schnell wie möglich auftauen! Am besten in der Mikrowelle. Oder gleich unaufgetaut (z.B. beim Braten) zubereiten, oder vor dem Einfrieren zubereiten (z.B. Hack).

Fisch tiefgefrieren
Ob See- oder Süßwasserfisch - eingefroren werden sollte nur, was tatsächlich frisch ist. Frischer Fisch hat eine glänzende Haut und klare, vorstehende Augen mit schwarzen Pupillen.
Er hat glasiges Fleisch und riecht nicht!
Geeignet sind Forelle, Hecht und Karpfen.
Fisch lose abgedeckt 2-4 Std. ins Vorgefrierfach legen, evtl. vorher durch das Wasser ziehen, dann im Ganzen verpacken oder portioniert einfrieren.
Fischportionen und kleine Fische unaufgetaut verarbeiten. Große Fische im Kühlschrank oder im Mikrowellengerät auftauen.

Lagerzeit im Kühlschrank

Beerenobst	*1 Tag*
Butter	*8 Tage*
Blattsalat	*1-2 Tage*
Diätkonfitüre	*ca. 8 Tage*
Eier	*10 Tage*
Fisch, gegart (gebraten, geräuchert)	*2 Tage*
Fisch, roh	*1 Tag*
Fleisch, gegart	*3 Tage*
Fleisch, roh	*1-2 Tage*
Geflügel, gegart	*2-3 Tage*
Geflügel, roh	*1 Tag*
Gemüse, frisch	*1-3 Tage*
Gemüse, gegart	*1-2 Tage*
Hackfleisch, roh	*1/2 Tag*
Hartkäse	*ca. 8 Tage*
Joghurt	*2-4 Tage*
Kernobst	*10 Tage*
Mayonnaise fertig gekauft	*8-10 Tage*
Mayonnaise selbst gerührt	*1-2 Tage*
Milch	*2-3 Tage*
Parmesan zum Reiben	*ca. 2 Wochen*
Quark	*3 Tage*
Sahne	*2-3 Tage*
Senf	*ca. 3 Monate*
Weichkäse	*3 Tage*

Die Zeitangaben beziehen sich auf angebrochene Packungen oder

Lagerzeit im Vorratsschrank

Bohnen/Linsen	*ca. 1 Jahr*
Brot	*einige Tage im Brotkasten (wird altbacken, im Kühlschrank)*
Dosen oder H-Milch	*nach Packungsaufschrift*
Essig	*fast unbegrenzt*
Fertigsuppen	*ca. 8 Monate*
Gekörnte Brühe	*ca. 8 Monate*
Gewürze	*ca. 1 Jahr kühl und dunkel, (verlieren Aroma)*
Gewürznelken	*ca. 1 Jahr im Kühlschrank*
Haferflocken	*ca. 1 Jahr*
Honig	*ca. 1 Jahr*
Kaffee	*ca. 2 Monate im Kühlschrank*
Knäckebrot	*ca. 3 Monate, trocken lagern*
Mehl/Speisestärke	*ca. 1 Jahr (trocken und luftig)*
Nüsse	*2-3 Monate im Kühlschrank*
Nudeln	*ca. 1 Jahr (trocken und luftig)*
Reis	*höchstens 1 Jahr in luftigen Dosen*
Speiseöl	*ca. 5 Monate (kühl und dunkel)*
Tee	*unbegrenzt*
Tomaten in Dosen	*1-2 Jahre*
Tomatenmark in Tuben	*ca. 5 Monate im Kühlschrank*
Zucker	*unbegrenzt*

Löffelmaße	1 Eßlöffel	1 Teelöffel
Mehl	10 g	3 g
Speisestärke	10 g	5 g
Zucker	15 g	5 g
Paniermehl	10 g	3 g
Öl	6 g	2 g
Sahne	15 g	5 g
Joghurt	15 g	8 g

Hohlmaße	
1 Tasse (fast gefüllt)	150 ml
1 kleine Tasse	100 ml
1 Schnapsglas	20 ml
1 Wasserglas	200 ml
1 Weinglas	ca. 150 ml
1 Eßlöffel	ca. 15 ml
8 Eßlöffel	ca. 125 ml

PARISER SCHNITZEL MIT BEURRE D'AVELINE

ZUTATEN:

4 Kalbsschnitzel von ca. 180 g
4 EL Mehl
1/2 TL Salz
1/2 TL weißer Pfeffer
125 g Butter
65 g gehackte Haselnüsse

TIP:

Kalbsschnitzel sollten Sie, wie auch anderes Kalbfleisch, nur bei einem Fleischer kaufen, von dem Sie wissen, daß er kein Fleisch von künstlich „hochgepäppelten", sondern mit natürlicher Nahrung gefütterten Tieren kauft.
So vermeiden Sie Enttäuschungen, daß später statt eines saftigen Schnitzels ein traurig zusammengeschrumpftes Fleischstückchen in der Pfanne liegt.
Das gleiche gilt übrigens auch für Schweinefleisch.

1. Mehl, Salz und Pfeffer auf einem Teller mischen.
25 g Butter in einer Pfanne erwärmen, jedoch nicht zu stark erhitzen.

2. Die Schnitzel zuerst in der Mehlmischung wenden, das überschüssige Mehl abklopfen.
Die Schnitzel dann in der Butter wenden und nochmals in dem Mehl.

3. Noch 10 g Butter in die Pfanne geben und nun so stark erhitzen, daß sie eben aufschäumt.
Die Kalbsschnitzel hineinlegen und auf jeder Seite 3 Minuten braten.

4. Nebenher die restliche Butter in einer kleineren Pfanne erhitzen, abschäumen und die Haselnüsse darin kurz rösten.

5. Die Schnitzel auf einer vorgewärmten Platte anrichten und mit der Haselnußbutter übergossen rasch servieren.

GOURMET-TIP:

Dazu schmecken Prinzeßbohnen (aus der Dose oder tiefgekühlt) und Pommes frites (im Backofen bereitet).

SALAT VON HARZER SCHEIBEN

ZUTATEN FÜR DEN SALAT:

1 Bund Radieschen
1 Bund Frühlingszwiebeln
4 Tomaten
1 Kopf Lollo-Rosso oder Friséesalat
200 g Harzer Käse
4 EL Linsensprossen

FÜR DIE MARINADE:

2 EL Sherryessig
4 EL Traubenkernöl
1/2 Bund Schnittlauch
Salz, Pfeffer
Curry

1. Zutaten für den Salat waschen, Radieschen in Spalten schneiden, Frühlingszwiebeln in Röllchen, Tomaten achteln.

2. Den Friséesalat zerpflücken.

3. Harzer Käse in 3 mm dicke runde Scheiben schneiden.

4. Zutaten für die Marinade gut verrühren, mit Salz, Pfeffer und Curry abschmecken.

5. Friséesalat als Bett auf einem Teller anrichten. Käsescheiben, Radieschen, Linsensprossen, Zwiebelröllchen und Tomaten locker darauf verteilen und mit der Marinade beträufeln.

GOURMET-TIP:

Zu diesem Salat empfehlen wir ein Glas Apfelmost oder ein frisches Pils.

SCHINKEN-RÜHREI

ZUTATEN:

150 g mildgeräucherter, roher Schinken
40 g Butter
1/2 Bund Schnittlauch
8 Eier
4 EL süße Sahne
Salz
weißer Pfeffer aus der Mühle

1. Den Schinken in etwa 2 cm breite und 5 cm lange Streifen schneiden.
Die Butter in einer Pfanne erhitzen und die Schinkenstreifen darin glasig braten.
Dann herausnehmen und warm stellen.

2. Den Schnittlauch abspülen, trockentupfen und in feine Röllchen schneiden.

3. Die Eier mit der Sahne verquirlen und mit Salz und Pfeffer abschmecken.
In der Bratbutter als Rührei braten.
Sobald die Unterseite fest ist, die Oberseite aber noch etwas weich ist, die Schnittlauchröllchen und die Schinkenstreifen auf das Rührei streuen.

GOURMET-TIP:

Dazu können Sie kräftiges Bauernbrot und einen Gurkensalat reichen.
Ein kühles Bier mundet ausgezeichnet.

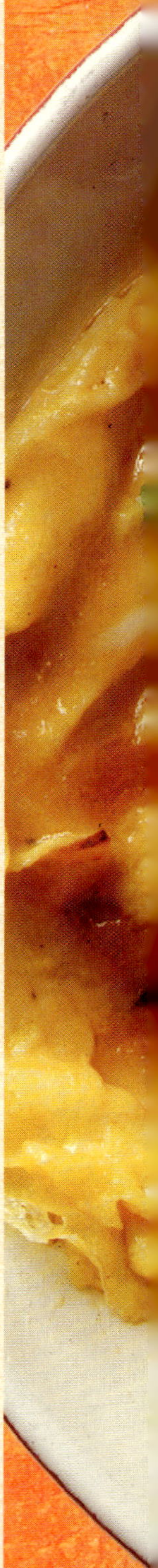

LÖWENZAHN-SALAT

ZUTATEN:

250g junger Löwenzahn
8 frische Wachteleier (oder 4 Hühnereier)
75 g Frühstücksspeck
75 g Blauschimmelkäse
2 Schalotten
2 EL Essig
1 EL Öl
weißer Pfeffer

1. Löwenzahn verlesen, waschen, abtropfen lassen.

2. Wachteleier in 2 Minuten hartkochen, abschrecken und pellen.

3. Speck in Streifen schneiden, rösch ausbraten.

4. Blauschimmelkäse zerkrümeln.

5. Schalotten schälen, hacken.

6. Löwenzahn mit Speck, Bratfett, Schalotten, Käse und einer Marinade aus Essig, Öl, Pfeffer anmachen und mit Eihälften garnieren.

TIP:

Bitteren Löwenzahn sollten Sie ca. 20 Minuten in warmes Wasser legen.

KÄSE-SCHINKEN-STEAK

ZUTATEN:

8 Emmentaler Käsescheiben (je 1/2 cm dick, ca. 40 g)
4 Scheiben gekochter Schinken
2 TL Senf
Mehl
2 Eier
Semmelbrösel
Backfett

1. Zwischen je 2 Käsescheiben je eine beidseitig mit Senf bestrichene Schinkenscheibe legen.
Scheiben zusammendrücken.

2. Steaks dann in Mehl, verquirltem Ei und danach in Semmelbrösel wenden.
Zuletzt nochmals mit Ei und Brösel panieren.
Panade fest andrücken.

3. Käsesteaks im 180° heißen Fettbad ca. 2 Minuten schwimmend ausbacken und auf Tellern anrichten.

GOURMET-TIP:

Dazu passen Champignon-Kräuter-Reis.
Außerdem können Sie einen knackigen Gurkensalat dazu reichen; man nehme:

1 Salatgurke
1 Knoblauchzehe
2 Becher saure Sahne
1 Prise Salz
Pfeffer
Dill

Hobeln Sie die geschälte Gurke in dünne Scheiben.
Mit der geschälten Knoblauchzehe die Salatschüssel ausreiben.
Gurkenscheiben und saure Sahne hineingeben, vermengen und mit Gewürzen abschmecken.
Dill klein schneiden und darüberstreunen.

BAYRISCHES SCHMANKERL

ZUTATEN:

400 g Romadur
8 EL kräftiger Kräuteressig
2 Gewürzgurken
1 weiße Zwiebel
8 EL Weizenkeimöl
grob geschroteter schwarzer Pfeffer
Petersilie zum Garnieren

1. Von dem Romadur die Rotschmiere etwas abkratzen. Den Käse dann in 5 mm dicke Scheiben schneiden und auf 4 Portionstellern anrichten.

2. Mit je 2 Eßlöffeln Essig beträufeln und 5 Minuten ziehen lassen.

3. In der Zwischenzeit die Gewürzgurken in dünne Scheiben schneiden.

4. Den Käse mit dem Weizenkeimöl beträufeln und mit reichlich schwarzem Pfeffer bestreuen.

5. Mit Gurkenscheiben und Zwiebelringen belegen und mit der zuvor abgespülten und trockengeschwenkten Petersilie garnieren.

GOURMET-TIP:

Dazu kräftige Knäckebrotsorten oder Gewürzbrot mit Schweine- oder Gänseschmalz reichen. Zünftig wird dazu ein kräftiges Bier getrunken.

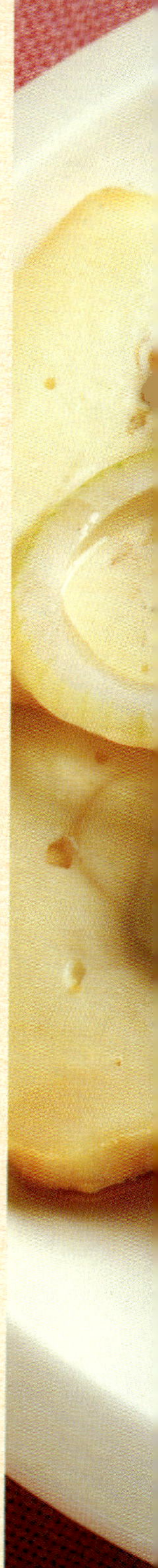

KÄSE-SALAT

ZUTATEN:

250 g Gouda-Käse (45% Fett i. Tr.)
1 Birne
200 g blaue Weintrauben
1 EL gehackte Mandeln
1/2 Eisbergsalat
200 g Mayonnaise (z.B. Thomy)
2 EL gehackte Kräuter

1. Den Käse in dünne Streifen schneiden.

2. Birne waschen. Das Kerngehäuse, den Stiel und die Blüte entfernen. Birne in kleine Stücke schneiden.

3. Weintrauben waschen, halbieren und die Kerne entfernen.

4. Die Mandeln in einer Pfanne ohne Fett rösten.

5. Den Eisbergsalat putzen, anschließend waschen und in 1 cm breite Streifen schneiden.

6. Alle Salatzutaten mit der Mayonnaise mischen und die Kräuter untermischen.

GOURMET-TIP:

Kaufen Sie Salate je nach Saison.
Im Winter Feldsalat, Chicorée oder Eisbergsalat.
Im Frühjahr Rauke, frischen Spinat oder großblättrige Kresse.
Zu diesem Salat empfehlen wir ein kräftiges Roggen- oder Bauernbrot zu reichen.

SCHNELLER CHAMPIGNON-REIS MIT SOSSE

ZUTATEN FÜR DEN REIS:

1 Packung Uncle Ben's Risotteria „Käse Champignon Reis" (155 g)
100 g Fleischwurst

ZUTATEN FÜR DIE SOSSE:

100 g Champignons
1 Zwiebel
Saft von einer Zitrone
1/4 l Gemüsebrühe
1/2 Becher Sahne
2 EL Sojasauce
2 EL Speisestärke
2 cl Sherry medium
2 EL Butter
Salz
Pfeffer
1/2 Bund Petersilie

TIP:

Wenn man keine Fleischwurst vorrätig hat, kann man auch jede andere Wurst verwenden.

ZUTATEN FÜR DEN REIS:

1. Risotteria nach Packungsanweisung zubereiten.

2. Fleischwurst erst in Scheiben, anschließend in Streifen schneiden und unter Risotteria mischen.

3. Nach Wunsch mit Petersilie garniert servieren.

ZUTATEN FÜR DIE SOSSE:

1. Butter in einer Kasserolle erhitzen und die fein gehackte Zwiebel darin glasig schwitzen.

2. Die Chamignons vorsichtig waschen, abtropfen lassen und in Scheiben schneiden. Die Champignonscheiben mit Zitronensaft beträufeln und zu den Zwiebeln geben.

3. Gemüsebrühe angießen, Sojasauce zugeben und Sahne untermischen.

4. Die Soße auf den Herd einkochen lassen und mit Speisestärke binden.

5. Champignonsoße mit Gewürzen und Sherry abschmecken und mit Petersilie garnieren.

SALAT MIT KÖRNIGEM FRISCHKÄSE

ZUTATEN:

1 Kopfsalat
4 Chester-Scheibletten
1 Becher (200 g) körniger Frischkäse

SALAT-DRESSING:

1 Becher Naturjoghurt
2 EL Tomatenketchup
Saft von 1 Zitrone
Salz
weißer Pfeffer
Streuwürze
Tabascosoße

GOURMET-TIP:

Wenn Sie eine aparte Salatkomposition wagen wollen, dann mischen Sie doch kleine Würfel von enthäuteten Pfirsichen unter den Frischkäse und streuen noch gehackte Kräuter Ihrer Wahl über den Salat.

Pfirsiche mit Hilfe eines Schaumlöffels sechs bis acht Sekunden in kochenden Wasser halten. Anschließend mit kaltem Wasser abschrecken.
Mit einem Küchenmesser läßt sich nun die Fruchthaut leicht abziehen.

1. Salat putzen (nicht zerkleinern), waschen, abtropfen lassen.

2. Die Käsescheiben in kleine Würfel schneiden.

3. Eine Platte mit Salatblättern (Herzblätter zurückbehalten) auslegen, darauf den abgetropften Frischkäse verteilen.
In die Mitte die Herzblätter geben.

4. Die aufgefangene Molke vom körnigen Frischkäse mit Joghurt, Tomatenketchup, Zitronensaft, Salz, Pfeffer, Streuwürze und Tabascosoße verrühren und in die Mitte des angerichteten Salates geben.

5. Salat mit Käsewürfeln bestreuen.

EIER IN GRÜNER SOSSE

ZUTATEN:

1 Becher Crème fraiche (200 g oder 20 cl)
75 g sehr gute Mayonnaise
Saft einer Zitrone
1 hartgekochtes Ei
200 g frische Kräuter:
Petersilie
Estragon
Pimpernelle
Borretsch
Kerbel
Kresse
Zitronenmelisse
Dill
Schnittlauch
Salz
weißer Pfeffer
1 Prise Zucker
8 hartgekochte Eier

1. Crème fraiche mit Mayonnaise und Zitronensaft glattrühren.

2. Das Ei schälen und fein hacken. Die Kräuter abspülen, trocken-schwenken und mit dem Ei unter die Crème fraiche ziehen. Die grüne Soße mit Salz, Pfeffer und Zucker abschmecken. In eine Schüssel geben.

3. Die Eier schälen, halbieren und in der Soße servieren.

VARIANTE:

Etwas kalorienärmer wird die Soße, wenn man die Crème fraiche durch Joghurt ersetzt. Dann jedoch etwas weniger Zitronensaft verwenden.

GOURMET-TIP:

Dazu schmecken Pellkartoffeln oder in Folie gebackene Kartoffeln oder Weißbrot.

TIP:

Bitte hacken Sie die Kräuter nicht zu fein. Wenn sie matschig werden, verfliegen die ätherischen Öle, die die Würzkraft ausmachen. Dafür werden Bitterstoffe frei.

PAPRIKA-GURKEN-SALAT MIT SCHAFSKÄSE

ZUTATEN:

1/2 Salatgurke
je 1 kleine rote, grüne und gelbe Paprikaschote
1 Frühlingszwiebel
125 g Schafskäse
1 kleines Glas schwarze Oliven (EW 57 g)
75 g Frühstücksspeck
4 EL Rotweinessig
Salz
gemahlener schwarzer Pfeffer

1. Die gewaschene Gurke und die vom Stielansatz her ausgehöhlten Paprikaschoten in Scheiben schneiden.
2. Die geputzte Zwiebel in Ringe schneiden.
3. Den Käse würfeln und mit den Oliven unter die übrigen Zutaten mischen.
4. Speck in schmale Streifen schneiden und ausbraten.
5. Mit dem Fett in eine Schüssel geben, Essig, Salz und Pfeffer untermischen und den Salat damit übergießen.

GOURMET-TIP:

Wenn Sie Schafskäse nicht mögen, können Sie ihn durch Blauschimmelkäse ersetzen.

Zu diesem knackigen und erfrischenden Salat reichen Sie Fladenbrot oder Kräuterbaguette.

GLASIERTE APFELSCHEIBEN MIT BLAUSCHIMMELKÄSE

ZUTATEN:

4 mittelgroße Äpfel (z.B. Elstar)
50 g Butter
2 EL Honig
1 Prise Koriander
Pfeffer aus der Mühle
150 g Blauschimmelkäse
50 g halbierte Walnußkerne
einige Blätter Feldsalat oder Rauke

1. Äpfel waschen und längs in Scheiben schneiden.

2. Butter in einer Pfanne zergehen lassen, Honig dazugeben und Butter mit Honig und Koriander verrühren und erhitzen.

3. Die Apfelscheiben nebeneinander in die Pfanne legen und bei mittlerer Hitze ca. 5 Minuten dünsten.

4. Mit wenig Pfeffer bestreuen. Auf Portionsteller dekorieren und pro Person einige Blauschimmelkäsescheiben dazugeben.

5. Mit Walnüssen und Feldsalat dekorieren.

GEFÜLLTER CAMEMBERT

ZUTATEN:

2 eckige oder runde Camemberts (á 250 g) oder 4 kleine Camemberts (á 125 g)
2 Zwiebeln
1 Bund Schnittlauch oder Petersilie
1 gehäufter TL Edelsüß-Paprika
1 Löffelspitze gemahlener Kümmel
einige Tropfen Weinbrand oder Korn
1 rote Zwiebel
2 Tomaten
100 g geputzter Feldsalat

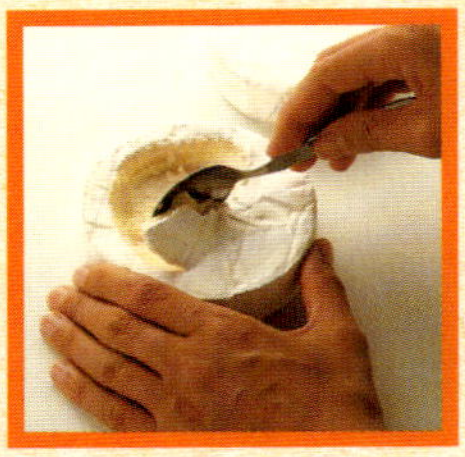

1. Große Camemberts waagerecht halbieren. Kleine Camemberts oder Camemberthälften vorsichtig mit einem Löffel aushöhlen.

2. Zwiebeln schälen und fein würfeln. Schnittlauch oder Petersilie waschen und hacken.

3. Käsebröckchen, Zwiebeln, Kräuter, Paprika, Kümmel und Weinbrand oder Korn mit einer Gabel grob vermischen. Käsemasse in die ausgehöhlten Camemberts füllen.

4. Die rote Zwiebel schälen und in Ringe schneiden. Tomaten achteln und Feldsalat waschen.

5. Käsestücke auf Tellern anrichten, mit Zwiebelringen garnieren, mit Tomatenachteln und Feldsalat umlegen.

GOURMET-TIP:

Zu diesem Salat paßt Sesamknäckebrot oder Stangenweißbrot, mit frischer Butter bestrichen.

KRÄUTERCREME-SUPPE

FZUTATEN FÜR ZWEI PERSONEN:

10 Spinat- oder Basilikumblätter
1 Beutel Kräutercreme-Suppe mit Champignons (z.B. Knorr)
100 ml Milch
2 hartgekochte Eischeiben

1. Spinat- oder Basilikumblätter putzen, waschen, trockentupfen.

2. Kräutercreme-Suppe mit Champignons in 400 ml Wasser und Milch einrühren. Unter Rühren aufkochen und 1 Minute kochen lassen.

3. Kräutercreme-Suppe in Teller oder Suppentassen füllen.
Spinat- oder Basilikumblätter als Blüte angeordnet darauf setzen.
Je eine Eischeibe in die Blütenmitte setzen.

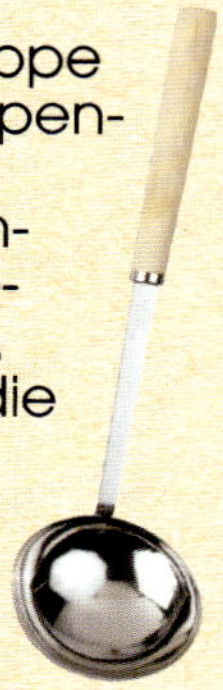

SPAGHETTI IN TRÜFFELBUTTER

ZUTATEN:

400 g Spaghetti
1 Gläschen Trüffelbutter (80 g)
60 g geriebener Käse
Petersilie

1. Die Spaghetti in reichlich kochendes, leicht gesalzenes Wasser (mit etwas Öl) geben. Leicht sprudelnd weiterkochen lassen, gelegentlich umrühren. Nach 7-9 Minuten über ein Sieb gießen und abtropfen lassen.

2. Spaghetti in den Topf zurückgeben. Trüffelbutter und 40 g geriebenen Käse zugeben und alles locker vermischen.

3. Spaghetti auf Tellern anrichten und mit dem übrigen Käse servieren.

GOURMET-TIP:

Besonders gut eignet sich Parmesankäse.
Sehr schön sieht es aus, wenn Sie mit dem Spargelschäler feine Späne von gut gekühltem Parmesankäse abziehen.
Je kälter der Käse ist, um so feiner werden die Späne.

RAGOUT VON MISCHPILZEN

ZUTATEN:

- *1 kg Mischpilze (Glas oder Dose)*
- *100 g mildgeräucherter Schinkenspeck*
- *1/4 l Fleischbrühe*
- *4 EL trockener Weißwein*
- *schwarzer Pfeffer aus der Mühle*
- *4 EL Creme fraiche*
- *Salz*
- *2 EL gehackte Petersilie*

1. Die Pilze gut abtropfen lassen.

2. Speck fein würfeln oder in feine Streifen schneiden und in einer großen Pfanne bei nicht zu starker Hitze langsam auslassen.
Die Grieben herausnehmen und beiseite stellen.

3. Pilze in dem Speckfett ganz leicht anbraten.
Mit Fleischbrühe und Wein aufgießen und einmal aufkochen lassen.
Mit Pfeffer würzen und mit Creme fraiche verrühren.
Noch mal zum Kochen bringen.
Dann erst mit Salz abschmecken.

4. In einer vorgewärmten Schüssel mit Petersilie und Speckgrieben bestreut servieren.

GOURMET-TIP:

Mischpilzragout schmeckt mit Baguette oder zu kurzgebratenem Wildfleisch.

GEFLÜGELBURGER

ZUTATEN:

- *4 Geflügelfrikadellen à ca. 80 g (z.B. Wiesenhof)*
- *4 Roggen-Vollkornbrötchen*
- *4 Scheiben Schmelzkäse oder Emmentaler*
- *4 Tomaten*
- *400 g Salatgurke*
- *2 Bund Radieschen*
- *einige Salatblätter zur Dekoration*

1. Tomate waschen, in Scheiben schneiden, Gurke waschen, schälen, in Scheiben schneiden, Radieschen waschen.

2. Brötchen in der Mitte durchschneiden, mit einigen Salatblättern, Gurken- und Tomatenscheiben belegen.

3. Geflügelfrikadelle mit Schmelzkäsescheibe belegen, in der Mikrowelle bei 600 Watt 45 Sekunden erhitzen, so daß der Käse schmilzt.

4. Die Frikadelle mit dem Käse auf die belegte untere Brötchenhälfte legen, mit Gurken- und Tomatenscheiben belegen und servieren.

GOURMET-TIP:

Dazu als Rohkost Tomaten- und Gurkenscheiben und Radieschen servieren.

SCHNITTLAUCHSUPPE MIT KÄSE-CROUTONS

ZUTATEN:

30 g Butter
40 g Mehl
3/4 l Gemüse-Hefe-Brühe (Instant)
1/8 l Schlagsahne
2 Bund Schnittlauch
1 Sahne-Joghurt
2 Scheiben Grahambrot
100 g (2 dicke Scheiben) Holland-Schnittkäse mit reduziertem Fettgehalt (30 % Fett i. Tr.)

1. Butter in einem Topf schmelzen, Mehl einrühren, mit Gemüse-Hefe-Brühe und Sahne auffüllen.
5 Minuten durchkochen lassen.

2. Schnittlauch waschen, in feine Röllchen schneiden.
Zusammen mit dem Joghurt in die Suppe rühren, aufkochen.

3. Brote rösten, mit Käsescheiben belegen, jede Scheibe in 4 Rechtecke oder Rhomben schneiden und im vorgeheizten Backofen bei 200°C ca. 2 Minuten schmelzen lassen.
Zur Suppe servieren.

ORIGINAL FILETSPITZEN STROGANOW

ZUTATEN:

400 g Zwiebeln
40 g Butter
1 EL Mehl
1/4 l kräftig gewürzte Fleischbrühe
1 Becher dicke saure Sahne
oder Crème fraiche
Dijon- oder Löwensenf
2 EL Zitronensaft
Sherryessig nach Belieben
600 g Filetspitzen vom Rind
30 g Butterschmalz
Salz

1. Zwiebel schälen und fein hacken. Die Butter in einem großem Topf erhitzen und die Zwiebeln darin unter häufigem Rühren goldgelb braten.

2. Mit Mehl bestäuben, das Mehl unterrühren und ganz vom Fett aufnehmen lassen.
Mit Fleischbrühe und saurer Sahne oder Crème fraiche aufgießen und einmal kräftig durchkochen lassen.
Mit Senf, Zitronensaft und Essig pikant abschmecken, warm halten.

3. Filetspitzen mit Haushaltspapier abreiben, dann in 2 cm große Würfel schneiden.

4. Das Butterschmalz in einer großen, tiefen, beschichteten Pfanne erhitzen und die Filetwürfelchen darin 2 Minuten kräftig braun braten. Sie sollen innen ganz leicht blutig sein, darum ist auch eine große Pfanne nötig, in der alle Fleischstücke „Bodenkontakt" haben und sich die Poren rasch schließen können.

5. Die Filetspitzen mit einem Schaumlöffel herausnehmen und dabei etwas abtropfen lassen. Rasch mit der Soße mischen, jedoch nicht mehr aufkochen lassen. Das Gericht wenn nötig mit etwas Salz nachwürzen, in eine vorgewärmte Schüssel geben und sofort servieren.

GOURMET-TIP:

Dazu körnig gekochten Reis oder Kartoffelpüree (aus der Packung) und einen Gurkensalat in Dill-Sahne-Soße reichen sowie einen vollmundigen Rotwein oder sehr kräftigen, trockenen Weißwein, die geschmacklich mit der pikanten Senf-Sahne-Soße harmonieren.

ZUCCHINI-PFANNKUCHEN

ZUTATEN:

1 Ei
25 g Weizenmehl
je 50 ml fettarme Milch und Wasser
1 EL geriebener Parmesan oder Emmentaler (15 g)
1 Thymianzweig oder 1/2 TL getrockneter Thymian
Edelsüßpaprika
Pfeffer
Salz
1 kleine Zucchini (50 g)
150 g Tomaten
1 Kästchen Kresse
1 EL Essig
2 TL Pflanzenöl
1 EL Magerquark (40 g)
Mineralwasser
1 TL Schnittlauchröllchen
1 Cocktailtomate
beliebige Kräuterblättchen

1. Ei, Mehl, Milch, Wasser, geriebener Käse sowie die abgezupften Thymianblättchen verrühren und würzen.

2. Zucchini in dünne Scheiben teilen.
Die Tomaten in Spalten teilen.

3. Kresse vom Beet schneiden. Beides auf einem Teller anrichten, leicht salzen, pfeffern und mit Essig und einem Teelöffel Öl beträufeln.

4. Quark mit etwas Mineralwasser glattrühren und den Schnittlauch zugeben.

5. Restliches Öl in einer beschichteten Pfanne erhitzen, die Zucchinischeiben darin auf beiden Seiten anbraten.
Den Teig zugießen und den Pfannkuchen beidseitig braun braten.

6. Mit dem Quark anrichten, garnieren.

GOURMET-TIP:

Statt Kresse können Sie für den Salat auch eine kleine Handvoll beliebiger Sprossen nehmen.

GEMÜSE-KARTOFFELPUFFER

ZUTATEN:

- *1 Pck. Kartoffelpufferpulver*
- *1-2 Eier*
- *1/2 Tasse Milch*
- *Wasser*
- *2 Kartoffeln*
- *2 Stangen Lauch oder*
- *2-3 Möhren oder*
- *2 grüne Paprikaschoten*
- *100 g Fett*

GOURMET-TIP:

Besonders gut paßt dazu dieser Salat:

- *1 Kopfsalat*
- *4 Tomaten*
- *1 Fenchelknolle*
- *1 Rettich*
- *2 blaue Zwiebeln*
- *Rotwein-Essig*
- *Senf*
- *Pfeffer*
- *Salz*
- *Öl*
- *Zucker*

FÜR DIE KARTOFFELPUFFER:

1. Ei und Milch in einen Meßbecher geben und bis zu 1/2 l mit Wasser auffüllen. In eine Schüssel gießen und Kartoffelpufferpulver unterrühren.

2. Geschälte Kartoffeln fein reiben, eventuell mit einer geriebenen Zwiebel unter die Masse geben.

3. Lauch, Möhren oder Paprika putzen und in feine Streifen schneiden oder hobeln.

4. Fett in einer großen Pfanne erhitzen. Pro Kartoffelpuffer 2 Eßlöffel von der Kartoffelmasse in die Pfanne geben. Sofort Lauch-, Möhren- oder Paprikastreifen daraufstreuen. Sind die Kartoffelpuffer auf einer Seite kroß, wenden und die andere Seite fertigbraten. Auf einer vorgewärmten Platte anrichten. Mit Petersilie garniert servieren.

FÜR DEN SALAT:

1. Kopfsalat zerpflücken, waschen, abtropfen lassen.

2. Die geviertelten Tomaten, gewaschene Fenchelknolle und Rettich sowie Zwiebeln in Streifen oder auch Scheiben schneiden.

3. Mit einer Marinade aus Rotwein-Essig, Senf, schwarzem Pfeffer, Salz, Öl und Zucker pikant machen.

Leber mit Möhren-Kartoffelpüree

ZUTATEN:

- *1 Portion Flockenpüree*
- *125 ml Möhrensaft*
- *1 kleine Zwiebel*
- *1 TL Weizenkeimöl*
- *125 g Rinderleber*
- *1 TL trockener Sherry*
- *1-2 TL beliebige Kräuterblättchen*
- *jodiertes Kräutersalz*
- *1 Kiwi*

1. Püree mit Möhrensaft statt Wasser nach Packungsaufschrift zubereiten.

2. Die Zwiebel schälen, hacken und im heißen Öl glasig dünsten.

3. Leber schnetzeln, zur Zwiebel geben und etwa 3 Minuten braten.

4. Sherry zugießen und würzen.

5. Kleingehackte Kräuterblättchen zur Leber geben und kurz vor dem Servieren mit schönen Kräuterblättchen das Ganze garnieren.

GOURMET-TIP:

Als Dessert passen Kiwi hervorragend zu dieser schnellen Mahlzeit.

VOLLKORNSPAGHETTI MIT PESTO

ZUTATEN:

400 g Vollkornspaghetti
2 Bund Basilikum
4 Knoblauchzehen
50 g frisch geriebener Parmesankäse
4 EL Pinienkerne
1/2 Tasse Olivenöl
Salz

1. Die Vollkornspagetti in reichlich kochendes, leicht gesalzenes Wasser (mit etwas Öl) geben. Leicht sprudelnd weiterkochen lassen, gelegentlich umrühren. Nach 7-9 Minuten über ein Sieb gießen und abtropfen lassen.

2. Wieder in den Topf geben und mit Olivenöl durchschwenken.

3. Basilikum waschen, trockenschwenken und grob zerkleinern. Ein paar Basilikumblättchen zum Garnieren beiseite legen.

4. Basilikum, geschälten Knoblauch, Parmesankäse (einen Teelöffel Parmesankäse zum Bestreuen aufheben), Pinienkerne, Öl und Salz in einem elektrischen Mixer pürieren.

5. Die gut abgetropften Nudeln mit Pesto, Basilikum und Parmesankäse anrichten.

AVOCADOS MIT ERDNÜSSEN UND HÜHNERBRÜSTCHEN

ZUTATEN:

1/2 TL Kräutersenf
Salz
Pfeffer
Saft von 2 Zitronen
1 EL Balsamessig
2 EL Erdnußöl
20 g gemischte, frisch gehackte Kräuter wie Schnittlauch, Dill und Kerbel
4 gehäutete, entbeinte Hühnerbrüstchenfilets (à 120 g)
100 g geröstete, grob gehackte Erdnüsse (z.B. USA-Erdnüsse)
2 Avocados

1. Aus Senf, Salz, Pfeffer, Zitronensaft, Essig und 1 Eßlöffel Erdnußöl eine Sauce rühren.

Kräuter untermischen.

2. Avocados in Scheibchen schneiden, auf Tellern anrichten.

3. Mit der Sauce überziehen und mit den Erdnüssen bestreuen.
Die Brustfilets im restlichen Öl braten, würzen und mit den Avocados anrichten.

BOLOGNESER NUDELN

ZUTATEN:

- *400 g beliebige Nudeln (z.B. Farfalle)*
- *2 Zwiebeln*
- *1 Möhre*
- *50 g Räucherspeck*
- *250 g Rinderhack*
- *1 TL Thymian*
- *15 Pilze (z.B. Pfifferlinge oder Steinpilze)*
- *1/2 Tube Tomatenmark*
- *1/8 l Rotwein*
- *Salz*
- *Pfeffer*

1. Die Nudeln in reichlich kochendes, leicht gesalzenes Wasser (mit etwas Öl) geben.
Leicht sprudelnd weiterkochen lassen, gelegentlich umrühren.
Nach 7-9 Minuten über ein Sieb gießen und abtropfen lassen.

2. Für die Soße geschälte Zwiebeln und Möhre fein würfeln.

3. Speck sehr fein schneiden und in einer Kasserolle anbraten.
Zwiebeln und Möhren im Speckfett kurz anbraten.

4. Hackfleisch zugeben und unter gelegentlichem Umrühren kräftig anbraten.

5. Thymian, Pilze, Tomatenmark und Rotwein zufügen und mit Salz und Pfeffer würzen.
Soße 5 Min. gut durchkochen lassen.

6. Die sorgfältig abgetropften Teigwaren mit der Fleischsoße anrichten und mit Parmesankäse und Thymian bestreuen.

KÄSESCHNITTEN IM SESAMMANTEL

ZUTATEN:

150 g Salat
4 Möhren
4 Tomaten
4 Frühlingszwiebeln
je 1 EL Balsam- und Apfelessig
4 EL gutes Olivenöl
Salz
Pfeffer

FÜR DIE KÄSESCHNITTEN:

4 Scheiben Schnittkäse (1/2 cm dick geschnitten)
8 Scheiben Weißbrot (sehr dünn geschnitten)
100 ml Milch
2 Eier
milder Senf
2 EL helle Sesamsamen und Semmelbrösel zum Panieren
Butterschmalz zum Braten

SALAT:

1. Blätter waschen, trockenschleudern.
2. Geschälte Möhren längs in Streifen , gewaschene Tomaten in Scheiben schneiden. Zwiebeln putzen, kleinschneiden.
3. Übrige Zutaten zu Soße verrühren.

KÄSESCHNITTEN:

1. Den Käse (z.B. Butterkäse) in Größe der Brotscheiben zuschneiden.

2. Milch und Eier miteinander verquirlen. Brotscheiben mit der Eiermilch tränken.
3. Die Hälfte der Brotscheiben mit Senf bestreichen und mit je 1 Käsescheibe belegen. Mit den restlichen Brotscheiben bedecken. Etwas zusammendrücken.
4. In Sesamsamen und Semmelbröseln wenden und Panade fest andrücken.
5. Reichlich Butterschmalz erhitzen. Käseschnitten auf beiden Seiten kroß braten, auf Küchenkrepp abtropfen lassen.
6. Käseschnitten mit Salat anrichten und den Salat mit der Soße beträufeln.

CHINESISCHES PFANNENGEMÜSE

ZUTATEN:

250 g Truthahnbrust
Salz
Pfeffer
1 EL Sojaöl
1 Pckg. TK-Pfannengemüse „Chinesisch"
1 Prise gemahlener Ingwer
1 EL Sojasoße

1. Truthahnbrust in Streifen schneiden.
Öl in einer Pfanne erhitzen und darin die Fleischstreifen knusprig anbraten.
Fleisch mit Salz und Pfeffer würzen und aus der Pfanne nehmen.

2. Das Gemüse nach Packungsaufschrift in der Pfanne braten. Anschließend das Fleisch im Gemüse wärmen.

3. Das Pfannengemüse mit Ingwer und Sojasoße abschmecken und beliebig mit Schnittlauch garniert anrichten.

GOURMET-TIP:

Als Beilage Schnellkochreis servieren.

GRÜNE SPAGHETTI MIT KRÄUTERBUTTER

ZUTATEN:

4 Frühlingszwiebeln
500 g frische Champignons (möglichst kleine)
100 g fertig gekaufte Kräuterbutter
500 g grüne Spaghetti
Salzwasser
1 Knoblauchzehe
2 EL Olivenöl
geschroteter schwarzer Pfeffer

1. Frühlingszwiebeln putzen, die weißen Knollen vierteln, das Grün in Ringe schneiden.

Die Champignons wenn nötig waschen, abtropfen lassen und vierteln.

2. 50 g Kräuterbutter in einer Pfanne erhitzen (den Rest in das Gefrierfach legen). Die Zwiebeln und die Champignons darin unter häufigem Rühren so lange braten, bis alle Flüssigkeit verdampft ist.

3. Nebenher die Spaghetti kochen: Das Salzwasser mit der geschälten Knoblauchzehe zum Kochen bringen und die Spaghetti hineingleiten lassen. Kurz umrühren. In 9 bis 10 Minuten „al dente" (bißfest) kochen, sofort abgießen, gründlich abtropfen lassen und in eine vorgewärmte Schüssel geben.

4. Mit der Zwiebel-Champignon-Mischung gründlich vermengen. Mit der restlichen Kräuterbutter belegen und sofort servieren.

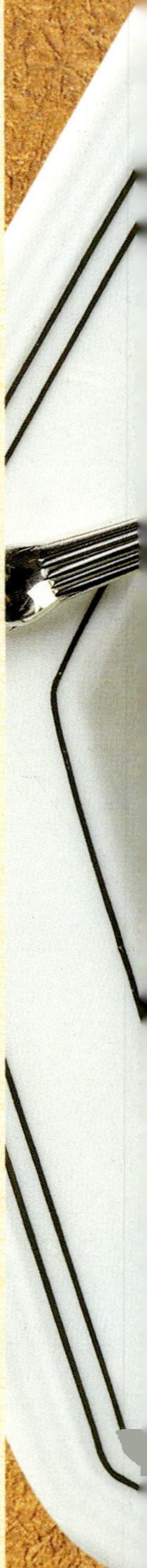

VINAIGRETTE MIT SOJA-SAUCE UND FRISCHEN KRÄUTERN

ZUTATEN:

3 EL Soja-Sauce (z.B. Kikkoman)
3 EL Sherryessig
100 ml Olivenöl
1 Bund Basilikum
1 Bund Schnittlauch
2 Tomaten
je 1 kleiner Kopf Friseesalat, Eichblattsalat und Kopfsalat
1 Gärtnergurke
2 mittelgroße Karotten

1. Die Salate waschen und zerpflücken. Gurke schälen, halbieren, Kerne entfernen und in Scheiben schneiden. Karotten in feine Stifte schneiden.

2. Tomaten kurz in heißes Wasser geben, abschrecken, häuten, entkernen, in kleine Würfel schneiden.

3. Kräuter hacken.

4. Soja-Sauce, Essig und Öl verrühren, Kräuter und Tomatenwürfelchen dazugeben.

5. Salat anrichten, Vinaigrette darübergeben.

RISI BISI

ZUTATEN:

3 Beutel Reis (z.B. Golden Reis)
75 g Butter
1 mittelgroße Zwiebel
300 g Tiefkühl-Erbsen
2 EL Wasser
2 EL gehackte Petersilie
geriebener Parmesan-Käse
Zucker
Salz

1. Wassermenge nach Packungsaufschrift zum Kochen bringen. Reisbeutel und Salz hinzufügen. Bei geschlossenen Deckel köcheln lassen, bis das ganze Wasser aufgesogen ist.

2. Zwiebel pellen und in Würfel schneiden.

3. Butter in einem Topf zerlassen und Zwiebelwürfel darin glasig dünsten.

4. Tiefkühl-Erbsen dazu geben, 2 EL Wasser hinzufügen, mit Salz und einer Prise Zucker würzen.

5. Alles einmal gut aufkochen lassen.
Den gekochten Reis unterheben, alles gut verrühren, eventuell noch einmal erwärmen und mit Salz abschmecken.

6. Nach Belieben mit gehackter Petersilie und geriebenem Parmesan-Käse bestreut servieren.

OMELETT „SEVILLA“

ZUTATEN:

1 grüne Paprikaschote
2 rote Paprikaschoten
2 Fleischtomaten
150 g in dünne Scheiben geschnittener roher Schinken
2 Zwiebeln
1 Knoblauchzehe
2 EL bestes Olivenöl (Jungfernöl, Huile vierge)
4 EL trockener Sherry (Fino)
1/2 Dose Maiskörner (150 g)
Salz
schwarzer Pfeffer aus der Mühle
8 Eier
1/2 TL Paprika rosenscharf
2 EL süße Sahne
40 g Butter

1. Grüne und rote Paprikaschoten halbieren, von Stengelansätzen und Samensträngen befreien, waschen, abtrocknen und längs in dünne Streifen schneiden.

2. Die Fleischtomaten mit kochendem Wasser überbrühen, dann häuten, achteln, dabei entkernen und von den grünen Stengelansätzen befreien.

3. Den Schinken in etwa 1 cm breite, 4 cm lange Streifen schneiden.

4. Zwiebeln und Knoblauchzehe schälen, Zwiebeln in hauchdünne Ringe schneiden, die Knoblauchzehe fein hacken.

5. Das Öl in einer großen Pfanne erhitzen und alle vorbereiteten Zutaten darin unter Rühren dünsten, bis die Zwiebeln glasig geworden sind.
Dann den Sherry und die abgetropften Maiskörner zufügen.
Alles mit Salz und Pfeffer abschmecken und warm halten, bis die Omeletts gebacken sind.

6. Für die Omeletts die Eier mit Paprika und Sahne verquirlen und mit etwas Salz abschmecken.

7. 20 g Butter in einer großen, möglichst beschichteten Pfanne erhitzen, die Hälfte der Eimischung hineingeben und das Omelett backen.
Sobald das Omelett fertig ist, die Hälfte der Füllung auf eine Omeletthälfte geben.
Die andere Hälfte darüberklappen und das Omelett auf einer vorgewärmten Platte warm stellen, bis auch das vierte fertig ist.

GOURMET-TIP:

Dazu einen trockenen Weißwein oder ein kühles Bier servieren.

PANIERTE HÄHNCHENHAPPEN MIT TOMATEN-ZIMT-SOSSE

ZUTATEN:

500 g vorfritierte Hähnchenhappen
3 Zwiebeln
2 Knoblauchzehen
1 EL Öl
1 Pck. passierte Tomaten
2-3 Zimtstangen

1. Snacks nach Packungsanweisung zubereiten.

2. Die gewürfelten Zwiebeln und den gehackten Knoblauch in Öl glasig werden lassen, Zimtstangen zugeben und mit den passierten Tomaten 10 Minuten köcheln lassen.

3. Durch ein Sieb streichen, eventuell mit etwas Zimtpulver abschmecken und zu den Snacks reichen.

GOURMET-TIP:

Dazu paßt ein bunter Salatteller.

KLEINE MUSCHELNUDELN MIT MASCARPONE-LACHS-SOSSE

ZUTATEN:

150 g Räucherlachs
1 unbehandelte Limette
2 Zwiebeln
50 g Butter
1/4 l Weißwein
1 Becher Mascarpone (150 g)
1 Bund Dill
Salz
Pfeffer
500 g kleine Muschelnudeln (ital. Conchigliette)

1. Räucherlachs würfeln oder in Streifen schneiden.

2. Die Limette mit heißem Wasser abspülen und mit dem Gemüseschäler schälen. Die Schale in feine Streifen schneiden.

3. Die Zwiebeln schälen und würfeln. Die Butter erhitzen und die Zwiebelwürfel darin ca. 3 Min. hell dünsten. Den Weißwein zugießen und um die Hälfte einkochen lassen. Mascarpone unterrühren und nochmals 3 Minuten einkochen lassen.

4. Limettensaft und -schale sowie den gewaschenen, fein geschnittenen Dill zufügen. Ca. 1 Minute weiterköcheln lassen. Mit Salz und Pfeffer würzen. Den Räucherlachs darin erwärmen.

5. Die Muschelnudeln in reichlich kochendes, leicht gesalzenes Wasser geben. Leicht sprudelnd weiterkochen lassen, gelegentlich umrühren. Nach 7-9 Minuten über ein Sieb gießen und abtropfen lassen.

6. Die Muschelnudeln mit der Soße servieren.

GESCHNETZELTES MIT DILL

ZUTATEN

400 g Schweinefilet
1 Salatgurke (ca. 500 g)
1 Bund Dill
2 EL Keimöl (z.B. Mazola)
Salz
Pfeffer
Aromat mit Kräutern für Fleisch und Geflügel (z.B. Knorr)
3-4 EL Crème fraiche (90 g)
1-2 TL Senf, mittelscharf

1. Schweinefilet in feine Streifen schneiden.
Gurke schälen, halbieren, entkernen und in feine Streifen schneiden.
Dill waschen, trockentupfen und fein hacken.

2. Keimöl in einer Pfanne erhitzen, Fleisch darin anbraten, Gurkenscheiben dazugeben und andünsten. Dill, Salz, Pfeffer und Aromat dazugeben und gut mischen.

3. Crème fraiche mit Senf verrühren und zum Schluß einrühren.
Alles pikant abschmecken.

Putenröllchen mit Käse gefüllt

ZUTATEN:

4 dünne Putenschnitzel (je 150 g)
Salz, Pfeffer
2 Tomaten
8 Basilikumblätter (gerieben)
200 g Butterkäse
2 EL Öl
1 EL Butter
100 ml Brühe
200 ml süße Sahne
Küchengarn

1. Die Putenschnitzel ausbreiten, salzen und pfeffern.

2. Tomaten häuten, entkernen und in feine Würfel schneiden.

3. Basilikumblätter fein hacken.

4. Tomaten, Basilikum und geriebenen Butterkäse vermengen. Mit frisch gemahlenem Pfeffer abschmecken und auf den Putenschnitzeln verteilen.

5. Die Schnitzel wie Rouladen aufrollen und mit Küchengarn zubinden.

6. Öl und Butter in einer Pfanne erhitzen und die Putenröllchen rundum anbraten. Mit Brühe ablöschen. Zugedeckt weitere 5 - 8 Minuten bei kleiner Hitze braten, aus der Pfanne nehmen und warmstellen.

7. Den Bratensaft mit Sahne auflösen und einkochen bis er cremig vom Löffel läuft.

8. Die gefüllten Putenröllchen noch einmal kurz in der Sauce erhitzen.

LACHS IN BLÄTTERTEIG MIT SAHNE-MEERRETTICH-SABAYON

FÜR DEN FISCH:

- *2 Scheiben Blätterteig (tiefgekühlt)*
- *2 EL Kondensmilch*
- *400 g Lachsfilet (4x100 g)*
- *Salz*
- *Pfeffer aus der Mühle*
- *2 EL Sonnenblumenöl (z.B. Thomy)*

FÜR DIE SAHNE-MEERRETTICH-SABAYON:

- *2 Eigelb*
- *100 ml Sahne (30%)*
- *100 ml Vollmilch*
- *4 EL Sahne-Meerrettich (z.B. Thomy)*
- *Salz*
- *1 Bund Dill, gehackt*

GOURMET-TIP:

Dazu paßt Reis oder Salzkartoffeln.

TIP:

Der Reis kann mit etwas fein geriebener Zitronenschale und gehacktem Dill zusätzlich verfeinert werden.

1. Die aufgetauten Blätterteigstücke einmal halbieren. Den Ofen auf 200°C vorheizen. Die Teigstücke auf ein Backblech legen. Mit der Kondensmilch bestreichen und ca. 10 Minuten goldgelb backen. Auskühlen lassen und quer halbieren, so daß sich der Deckel vom Boden trennt.

2. Die 4 Lachsfilets mit Salz und Pfeffer würzen. Sonnenblumenöl erhitzen und den Lachs darin auf beiden Seiten kurz anbraten. Bei mäßiger Hitze den Lachs weitere 5-6 Minuten braten.

3. Für die Sabayon alle Zutaten außer dem Dill in einer Schüssel vermengen und im heißen Wasserbad mit einem Schneebesen zu einer schaumigen Sabayon aufschlagen. Mit Salz und Pfeffer würzen.

4. Je einen Blätterteigboden auf einen Teller legen, ein Lachsfilet daraufgeben, mit der Sabayon begießen und den Teigdeckel daraufsetzen.

5. Mit dem Dill garniert servieren.

CURRYREIS MIT ANANAS UND BANANE

ZUTATEN:

1 Banane
2 EL Mandelblättchen
1-2 EL Keimöl (z.B. Mazola)
125 g Putenschnitzel
1 Btl. Feinschmecker Curry-Sauce (z.B. Knorr)
80 g Schnellkochreis
2 Ananasscheiben

1. Banane schälen und in Scheiben schneiden. Mandelblättchen und Banane in heißem Keimöl bräunen lassen und herausnehmen.

2. Putenschnitzel in Streifen schneiden und in dem restlichen Bratfett kurz anbraten. Reichlich 1/4 l (300 ml) kaltes Wasser dazugießen, Feinschmecker Curry-Sauce mit dem Schneebesen einrühren, Reis und Ananasstücke hinzufügen.

3. Unter Rühren aufkochen und bei schwacher Hitze 10 Minuten kochen. Ab und zu umrühren. Mit Mandelblättchen und Bananenscheiben servieren.

STEAK MIT BROKKOLI UND HOLLÄNDISCHER SOSSE

ZUTATEN:

150 g TK-Brokkoli
2 schwach gehäufte TL helle Soße holländische Art (z.B. Maggi)
1 EL geriebener Käse
125 g Rindersteak
1 TL Pflanzenöl
1 Knäckebrot

1. Brokkoli nach Packungsaufschrift zubereiten.

2. Soße in 1/16 Liter lauwarmes Wasser einrühren, erhitzen, dann den geriebenen Käse unterrühren.

3. Brokkoli abgießen, Soße darübergeben und nach Wunsch kurz unterm Grill bräunen.

4. Steak mit Öl bepinseln, pro Seite etwa 2-3 Minuten grillen, nach Wunsch würzen und mit Schnittlauch und Tomaten garnieren.

GOURMET-TIP:

Dazu reicht man Knäckebrot oder ein frisches Weißbrot.

HÄHNCHENSPIESSE MIT FRÜCHTEN UND CURRYSOSSE

ZUTATEN:

1 Hähnchenbrustfilet (150 g)
Speiseöl zum Braten
Pfeffer
Salz
Paprikapulver
1 Kiwi
1/2 Orange
3 Scheiben Ananas aus der Dose
2 Spieße
1 EL Crème fraiche
1 EL Joghurt
1 TL Curry
1 EL Ananassaft

1. Hähnchenbrustfilet waschen, trockentupfen und in heißem Öl ca. 8 Minuten braten. Mit Pfeffer, Salz und Paprikapulver würzen und in 10 Würfel schneiden.

2. Kiwi schälen und in dicke Scheiben schneiden. Orange schälen und in Würfel schneiden. Ananasscheiben in Stücke schneiden.

3. Abgekühltes Hähnchenfleisch und Früchte aufspießen und einpacken.

4. Für die Soße Crème fraiche, Joghurt, Curry und Ananassaft verrühren, mit Salz abschmecken.

5. Auf Teller mit Kiwi garniert servieren.

GOURMET-TIP:

Dazu paßt Baguettebrötchen oder eine Scheibe Vollkornbrot

KABELJAU IN SONNENBLUMEN-KNUSPERHÜLLE MIT KERBEL

FÜR DIE SAUCE:

60 g Kerbel
2 Schalotten
1 Eigelb
Salz
weißer Pfeffer aus der Mühle
1/8 l Öl
1/2 Becher Joghurt (3,5 % Fett)
Saft einer 1/2 Zitronen

FÜR DEN FISCH:

150 g Sonnenblumenkerne (z.B. USA)
800 g Kabeljaufilet
Zitronensaft
Salz
weißer Pfeffer aus der Mühle
5 EL Mehl
2 Eier
6 EL Butterschmalz

GOURMET-TIP:

Dazu paßt ein knackiger gemischter Blattsalat und Salzkartoffeln.

1. Den Kerbel abbrausen und von den Stengeln zupfen. Die Schalotten schälen und vierteln. Zusammen mit dem Kerbel im Mixer pürieren.

2. Das Eigelb mit Salz und Pfeffer verrühren. Das Öl in feinem Strahl unter stetem Rühren zufließen lassen, bis eine cremige Masse entsteht.

3. Den Joghurt, den Zitronensaft und die Kerbelmischung darunterrühren, salzen und pfeffern und kaltstellen.

4. Von den Sonnenblumenkernen 100 g fein mahlen und mit den restlichen 50 g mischen.

5. Das Kabeljaufilet kalt abspülen, trockentupfen und in vier Portionenstücke schneiden. Mit Zitronensaft beträufeln, salzen und pfeffern.

6. Das Mehl auf einen Teller geben, die Eier verquirlen. Den Fisch in Mehl wenden, durch die verquirlten Eier ziehen und mit der Sonnenblumenkern-Mischung panieren und andrücken.

7. Das Butterschmalz in einer tiefen Pfanne erhitzen und den Fisch darin auf beiden Seiten goldbraun ausbacken. Zusammen mit der Kerbel-Joghurt-Sauce anrichten.

PFLAUMEN MIT WEINKÄSE

FÜR DIE PFLAUMEN:

20 reife Pflaumen
125 g Weinkäse
5 Scheiben Vollkornbrot
150 g Zucker

1. Die Pflaumen seitlich aufschneiden und den Kern entfernen.
Den Weinkäse in 20 gleiche Teile schneiden und in die Pflaumen füllen.

2. In einem Topf mit dickem Boden den Zucker schmelzen lassen, bis er hellbraun wird.

3. Die Brotscheiben vierteln und mit Hilfe einer Gabel Vorder- und Rückseite in den Karamel tauchen. Abkühlen lassen.

4. Die Weinkäsepflaumen auf den Karamelkrusteln anrichten.

GOURMET-TIP:

Ein Glas bukettreiche Morio-Muskat-Spätlese harmoniert mit dem fruchtigen Aroma der Pflaumen.

WEISS-BLAU-KÄSE IM KALBSCHNITZEL

ZUTATEN:

4 etwas dickere Kalbschnitzel
Salz, Pfeffer
8 EL frisch geriebene Weißbrotkrume
2 Eigelb
1 EL scharfer Senf
4 EL frisch gehackte Kräuter (z.B. Thymian, Estragon, Salbei, Petersilie)
4 EL Riesling
120 g Weiß-Blau-Käse
4 Holzspießchen
Butterschmalz zum Braten

1. Eine Tasche in die Kalbsschnitzel schneiden, aufklappen und mit Salz und Pfeffer würzen.

2. Weißbrotkrume mit Eigelb, Senf und Kräutern vermengen.

3. Weiß-Blau-Käse kleinschneiden und mit einer Gabel zerdrücken.
Wein und ein Drittel der Kräuter-Brotmasse unterrühren.

4. Die Schnitzel mit der Käsemasse füllen, zusammenklappen und mit den Holzspießchen feststecken.
Mit Salz und Pfeffer würzen.

5. Butterschmalz in einer Pfanne erhitzen und die gefüllten Schnitzel darin anbraten.

6. Die restliche Brot-Kräutermasse auf die Schnitzel streichen und im vorgeheizten Backofen bei 225 °C (Gas: Stufe 4) etwa 10 - 15 Minuten backen.

GOURMET-TIP:

Verwenden Sie reichlich frische Kräuter, denn die bringen eine gesunde Extraportion an Vitaminen.

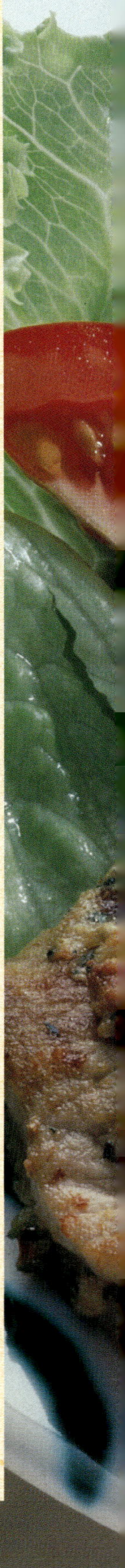

REISTOPF BAGHERA

ZUTATEN:

1/2 Pck. Reis (250 g)
(z.B. Uncle Ben's Langkorn & Wildreis)
150 g rote Linsen
150 g Schinken
200 g TK-Erbsen
Brühe nach Bedarf
Salz
Pfeffer
gemahlener Kreuzkümmel
Cayennepfeffer

1. Wasser mit etwas Butter oder Margarine zum Kochen bringen. Reis und Salz hinzufügen. Bei geschlossenem Deckel köcheln lassen, bis das ganze Wasser aufgesogen ist.

2. Rote Linsen knapp mit Wasser bedecken und ca. 10 Minuten garen.

3. Schinken würfeln. Reis, Schinkenwürfel und Erbsen zu den Linsen geben und nach Belieben mit Brühe auffüllen.

4. Ca. 5 Minuten erhitzen und mit Salz, Pfeffer, Kreuzkümmel und Cayennepfeffer würzen.

5. Nach Wunsch mit Schinkenröllchen und Schnittlauch garniert servieren.

PIKANTE APFELSPIESSCHEN

ZUTATEN:

125 g Tatar
125 g gemischtes Hackfleisch
1 kleine Zwiebel (30 g)
1 Ei
1 EL Paniermehl
2 EL Rosinen
Salz
Pfeffer
Paprika edelsüß
2 EL Butterschmalz
100 g durchwachsener Speck
2 mittelgroße feste Äpfel (400 g)
20 g Butter
etwas Zucker
Schnittsellerie (ersatzweise Petersilie)

1. Hackfleisch mit der geschälten, feingehackten Zwiebel, dem Ei, den Rosinen und Paniermehl gut verkneten.
Kräftig mit Salz, Pfeffer und Paprika abschmecken.
Kleine Bällchen daraus formen, in heißem Butterschmalz in der Pfanne rundum braun braten, warmstellen.

2. Speck bällchengroß würfeln und kroß braten.

3. Die Äpfel waschen, abreiben, halbieren, entkernen und achteln.

4. Butter schmelzen, die Äpfel mit etwas Zucker bestreut kurz darin braten.
Mit etwas Salz und Paprika würzen.

5. Hackfleischbällchen, Speck und Äpfel abwechselnd auf Holzspießchen stecken.
Mit Schnittsellerie garnieren.

GOURMET-TIP:

Dazu paßt grüner Salat mit Gurken und Baguette.

KÄSESPIESSE MIT ZUCCHINI, BACON UND FEURIGEM PAPRIKA-DIP

ZUTATEN (ca. 20 Käsespieße):

200 g milder Schafskäse
200 g Frühstücksspeck
2 kleine Zucchini
4 EL USA-Sonnenblumenkerne
1 Bund frischer Thymian

FÜR DEN PAPRIKA-DIP:

1 Becher Naturjoghurt
1 Tasse Mayonnaise
1/2 rote Paprikaschote
1/2 grüne Paprikaschote
1 kleine Zwiebel
1 Bund Schnittlauch
2 EL scharfer Senf
1 TL Paprikapulver
Salz
Pfeffer aus der Mühle
einige Tropfen Zitronensaft
einige Tropfen Worcestersauce

FÜR DIE KÄSESPIESSE:

1. Den Schafskäse in ca. 1x1 cm große Würfel schneiden.
2. Zucchini waschen und der Länge nach in sehr dünne Scheiben schneiden.
3. Die USA-Sonnenblumenkerne auf jeweils eine Scheibe Speck streuen, eine Zucchini-scheibe und einen Würfel Schafskäse darauf legen und mit etwas Thymian aufrollen.
4. Mit einem kleinen Holzspieß (z.B. Zahnstocher) vorsichtig verschließen.
5. In eine beschichtete Pfanne etwas Öl geben und knusprig braten.

FÜR DEN PAPRIKA-DIP:

1. Den Naturjoghurt mit der Mayonnaise in einer Schüssel glatt rühren.
2. Die rote und grüne Paprikaschote in sehr feine Würfel schneiden. Die Zwiebel schälen und fein hacken.
3. Den Schnittlauch kleinschneiden, mit dem Gemüse und dem Senf sowie dem Paprikapulver unter die Soße rühren.
4. Mit Gewürzen abschmecken.

Bauernomelett

ZUTATEN:

1 Zwiebel
2 Paprikaschoten
3 EL Olivenöl
2 Knoblauchzehen
2 Tomaten (frisch oder aus der Dose)
100 g Fetakäse
5 Eier
Salz
Pfeffer

1. Geschälte Zwiebel und gewaschene, entkernte Paprikaschoten in Streifen schneiden, im erhitzten Öl in der Pfanne braten.

2. Gehackten Knoblauch, geschälte, in Streifen geschnittene Tomaten und gewürfelten Käse kurz mitbraten.

3. Eier verquirlen, salzen, pfeffern, in der Pfanne stocken lassen.

GOURMET-TIP:

Omelett mit schwarzen Oliven und Oregano bestreuen.

FILETSTREIFEN MIT WEISS-BLAU-KÄSE UND FRISCHEN RAUKEBLÄTTERN

ZUTATEN:

- ***600 g Rinderfilet***
- ***Salz***
- ***Pfeffer aus der Mühle***
- ***Sonnenblumenöl***
- ***Saft einer unbehandelten Zitrone***
- ***50 g Rauke***
- ***150 g Weiß-Blau-Käse***
- ***Butterschmalz zum Braten***

1. Rinderfilet in etwa 1 cm dicke Streifen schneiden und sehr kurz in der Pfanne mit dem Butterschmalz anbraten.

2. Dann in eine feuerfeste Form legen, salzen, pfeffern und mit Öl und Zitronensaft beträufeln.

3. Den gewürfelten Weiß-Blau-Käse darauf verteilen.

4. Im Ofen unter dem Grill erhitzen, bis der Käse zerlaufen ist.

5. Die grob geschnittenen Raukeblätter darauf anrichten.

GOURMET-TIP:

Verwenden Sie anstatt Rauke, die meist nur im Frühjahr erhältlich ist, in den kalten Monaten Feldsalat oder Eisbergsalat. Dazu empfehlen wir Weißbrot-Toast oder dünne Scheiben von herzhaftem Roggenbrot.
Und ein Glas samtigen, reifen Blauburgunder.

FRITIERTE BOHNEN A LA SUZI-WAN

ZUTATEN:

1 Dose Suzi-Wan Bambussprossen (230 g)
1 Knoblauchzehe
1 Zwiebel
20 g Ingwer
1 EL Speiseöl
2 EL Suzi-Wan Soja Sauce Pikant
4 cl Sherry
1/4 l Brühe
500 g grüne Bohnen
Salz
1 Pck. Suzi Wan Mie Hoen Reisnudeln (250 g)

1. Bambussprossen abtropfen lassen.

2. Knoblauch und Zwiebeln abziehen und mit geschältem Ingwer fein würfeln.

Alles in erhitztem Öl anbraten.
Mit Soja Sauce Pikant, Sherry und Brühe ablöschen.

3. Grüne Bohnen putzen, abfädeln und waschen. Bohnen bei 160°C ca. zwei Minuten fritieren und mit Salz würzen.

4. Reisnudeln nach Packungsanweisung zubereiten.

5. Das Gemüse auf Reisnudeln anrichten und nach Wunsch mit gerösteten Mandelblättern garnieren.

FRUCHTIGES SCHWEINEFILET

ZUTATEN:

1 Kochbeutel Langkornreis (125 g) (z.B. Uncle Ben's Patna Spitzen Langkornreis)
250 g Schweinefilet
1 Eiweiß
4 cl Sherry
2 EL Sojasauce
6 EL Stärke
1 Bund Schnittlauch
1 EL Speiseöl
1 Glas Uncle Ben's Fix für Fleischpfanne „Chinesisch Süss-Sauer Fruchtig" (350 g)

1. Patna-Spitzen-Langkorn-Reis nach Packungsanweisung zubereiten.

2. Schweinefilet waschen, trockentupfen und in mundgerechte Stücke schneiden.

3. Eiweiß, Sherry, Sojasauce und Stärke zu einem glatten Teig verarbeiten und das Fleisch darin wenden.

4. Schnittlauch waschen und in Ringe schneiden.

5. Öl in einer Pfanne erhitzen und die Filetstücke rundherum goldbraun braten.

6. Die Fertigsoße erwärmen und einen Großteil der Schnittlauchröllchen unter den Reis heben.

7. Reis mit Filetstücken und Sauce auf Tellern anrichten. Nach Wunsch die Tellerränder mit Schnittlauchröllchen garnieren.

TIP:

Für Vegetarier kann man statt Schweinefilet auf die gleiche Weise gebackene Bananen zubereiten.

GEMÜSEPFANNE „PROVENCALE“

ZUTATEN:

2 Knoblauchzehen
1 Zwiebel
1 gelbe Paprikaschote
1 Zucchini
1 EL Olivenöl
1 Pck. Reis (155 g) (z.B. Uncle Ben’s Risotteria Tomaten Reis Provencale)

1. Wasser zum Kochen bringen. Reis und Salz hinzufügen. Bei geschlossenem Deckel köcheln lassen, bis das ganze Wasser aufgesogen ist.

2. Knoblauchzehen und Zwiebel abziehen, Knoblauch zerdrücken und Zwiebel fein würfeln.

3. Paprikaschote und Zucchini putzen und waschen. Paprikaschote halbieren und Zucchini in Scheiben und Paprika in Streifen schneiden.

Alles zusammen in erhitztem Olivenöl anbraten und mit 400 ml Wasser ablöschen.

4. Reis zugeben und 5 Minuten garen.

5. Gemüsepfanne „Provencale“ auf Tellern anrichten und nach Wunsch mit frischen Kräutern garnieren.

GOURMET-TIP:

Servieren Sie grüne und schwarze eingelegte Oliven dazu.

SCHLEMMER-FISCHSPIESSE

ZUTATEN:

250 g Rotbarschfilet
8 ausgelöste Riesenscampis
Salz
Pfeffer
1 rote Paprikaschote
1 Zucchini
1 Knoblauchzehe
8 EL Öl
1 EL Soja-Sauce (z.B. Kikkoman)
Kräuter der Provence

1. Rotbarschfilet in mundgerechte Stücke schneiden, Scampis salzen und pfeffern.

2. Paprikaschote und Zucchini putzen und waschen, Paprikaschote halbieren, Kerngehäuse entfernen, in mundgerechte Stücke und Zucchini in Scheiben schneiden.

3. Alles abwechselnd auf Spieße stecken.

4. Die Knoblauchzehe abziehen, zerdrücken, mit Öl, Soja-Sauce, Kräuter der Provence und Pfeffer verrühren und die Spieße damit einpinseln.

5. 7 bis 10 Minuten grillen, dabei mehrmals wenden und mit der Ölmischung bepinseln.

TIP:

Wenn man frische Garnelen verwendet, muß man zuerst die Schale entfernen. So geht das: Drehen Sie zuerst den Kopf ab. Dann werden die Panzerringe von der Bauchseite her aufgebrochen und abgeschält und die Schwanzflosse einfach abgezogen. Anschließend den Darm aus der Rückenmitte mit einem kleinen, spitzen Messer entfernen.

MOZZARELLA-KARTOFFELKUCHEN

FÜR 6 PORTIONEN:

ZUTATEN FÜR DEN KUCHEN:

- *1,5 kg Pellkartoffeln*
- *4 Eigelb*
- *100 g Butter*
- *Salz, Pfeffer*
- *Muskat*
- *300 g Mozzarellakäse*
- *100 g Parmaschinken*
- *1 Bund Petersilie*
- *je 2 EL geriebener Parmesankäse und Semmelbrösel*
- *Fett*

1. Kartoffeln durch die Presse drücken, mit Eigelb, 50 g Fett, Salz, Pfeffer, Muskat verrühren.

2. Mozzarella in Scheiben, Schinken in Streifen teilen.

3. Petersilie waschen, hacken.

4. In gefettete Auflaufform etwas Kartoffelmasse geben, einen Rand hochdrücken.
Käse, bis auf 3 Scheiben, darauf verteilen.
Petersilie und Schinken darüberstreuen.

5. Mit Kartoffelmasse bedecken, mit der Parmesan-Brösel-Mischung bestreuen und mit Käsescheiben und Fettflöckchen belegen.

6. Im auf 200 °C (Gas: Stufe 3) vorgeheizten Backofen ca. 25 Minuten überbacken.

FRUCHTIGE SÜSS-SAUER FRIKADELLE

ZUTATEN FÜR 2 PORTIONEN:

125 g Reis
(z.B. Uncle Ben's Basmati-Komposition)
1/2 TL Chilipulver
1 kleine Zwiebel
200 g Gehacktes
1 Eigelb
1 EL Paniermehl
Salz
Pfeffer
Currypulver
Kurkuma
1 EL Speiseöl
1 Glas Fertigsauce (350 g)
(z.B. Uncle Ben's Fix für Fleischpfanne „Chinesisch Süss-Sauer Fruchtig")

1. Basmati Komposition mit Chilipulver im Kochwasser nach Packungsanweisung zubereiten.

2. Zwiebel abziehen und fein würfeln.
Gehacktes mit Zwiebelwürfeln, Eigelb, Paniermehl mischen und mit den Gewürzen pikant abschmecken.

3. Sechs kleine Frikadellen formen und in erhitztem Öl rundherum braten.

4. Die Fertigsoße zugeben und miterhitzen.

5. Reis und Frikadellen in Sauce auf Teller anrichten.
Nach Wunsch mit frischen Kerbel garniert servieren.

GOURMET-TIP:

Ganz schnell geht es mit Chinesischer Bolognese-Sauce: Hackfleisch einfach anbraten, Fix für Fleischpfanne „Chinesisch Süss-Sauer Fruchtig" zugeben, erhitzen und Sauce zur Basmati-Komposition servieren.

BIRNENSPALTEN MIT EDELPILZ-KÄSESAUCE

ZUTATEN:

150 g Edelpilzkäse
150 g Créme fráiche
1 Birne (püriert)
1 TL Zitronensaft

FÜR DIE BIRNEN:

150 g Mehl
1/8 Liter Weißwein
1 Prise Salz
1 Prise Zucker
100 g geriebener Allgäuer Emmentaler
4 Birnen
Mehl

1. Den Edelpilzkäse durch eine Kartoffelpresse drücken, mit Créme fráiche, Birnenpüree und Zitronensaft glattrühren.

2. Das Mehl mit dem Weißwein zu einem glatten, flüssigen Teig rühren. Salz, Zucker und geriebenen Allgäuer Emmentaler zufügen.

3. Die Birnen schälen und in Spalten schneiden, Kerngehäuse entfernen.

4. Die Spalten in Mehl wenden und durch den Ausbackteig ziehen.

5. In heißem Fett schwimmend ausbacken und mit der Käsesauce anrichten.

GOURMET-TIP:

Verwöhnen Sie Ihre Gäste mit einem Glas Traminer oder Muskateller Spätlese.

WÜRZIGE KRÄUTERFORELLEN

ZUTATEN:

- *4 küchenfertige Forellen*
- *2 EL Zitronensaft*
- *Fischwürzer (z.B. Fuchs)*
- *Salz*
- *1 unbehandelte Zitrone*
- *2 Fleischtomaten*
- *Speiseöl für die Folie*
- *Knoblauch Würzpaste (z.B. Fuchs)*
- *Basilikum (z.B. Fuchs)*

1. Forellen unter fließendem Wasser säubern, trockentupfen.
Anschließend die Fische mit Zitronensaft beträufeln, innen und außen mit Fischwürzer und Salz einreiben und ziehen lassen.

2. Die Zitrone heiß abwaschen, in Scheiben schneiden und diese halbieren.

3. Fleischtomaten waschen, Stielansatz entfernen, halbieren und in Scheiben schneiden.

4. Fische mit Zitronenscheiben füllen.
Auf ein Stück eingeölte Alufolie legen, Fischoberfläche mit Knoblauch Würzpaste dünn einstreichen, mit Tomatenscheiben belegen und mit Basilikum und Salz bestreuen

5. Folie einschlagen und Forellen auf dem Grillrost von beiden Seiten grillen.

6. Nach Wunsch mit frischer Petersilie garniert servieren.

GOURMET-TIP:

Dazu paßt grüner Salat mit Gurken und Baguette.

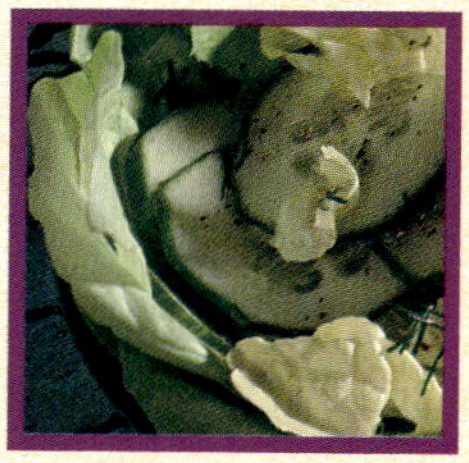

KÄSEPFANNKUCHEN MIT WEISSER CASTELLO

ZUTATEN FÜR 2 PORTIONEN:

2 Eier
125 g Mehl
Salz
150 ml Milch
50 ml Mineralwasser

FÜR DIE FÜLLUNG:

100 g Camembert (z.B. Weisser Castello)
1 Frühlingszwiebel oder Porree
1/2 gelbe Paprikaschote
1/2 rote Paprikaschote
Champignons
Salz
Pfeffer
Thymian

1. Alle Zutaten für den Teig in einer Schüssel gut verrühren und ca. 20 Minuten quellen lassen.

2. In der Zwischenzeit das Gemüse in heißem Fett kurz andünsten, würzen.

3. Aus dem Teig Pfannkuchen backen.

4. Jeweils 2-3 Scheiben Camembert auf den halben Pfannkuchen legen, das heiße Gemüse darauf verteilen und die Pfannkuchen überklappen.

5. Das Ganze mit Dill und Petersilie garnieren und servieren.

LEONARD

HÄHNCHENBRUST MIT VERSCHIEDENFARBIGEN GEMÜSEPÜREES

ZUTATEN:

4 Hähnchenbrustfilets (z.B. Wiesenhof)
3 TL Butter
2 EL Öl
Salz
weißer Pfeffer
je 1 rote, grüne und gelbe Paprikaschote
getrocknete Rosmarinnadeln

1. Paprikaschoten vierteln, Kerne und Trennhaut entfernen und die Schoten mit der Hautseite nach oben auf ein Backblech legen. Im vorgeheizten Backofen auf der oberen Einschubleiste bei 220-250°C ca. 15 Minuten backen, bis die Haut Blasen wirft.

2. In der Zwischenzeit die Hähnchenbrustfilets in Öl knusprig braten (etwa 6 - 10 Min.), mit Salz und Pfeffer würzen und aus der Pfanne nehmen. Etwas ruhen lassen, dann schräg in feine Streifen schneiden.

3. Paprikaschoten in einem kalten, nassen Handtuch kurz abschrecken, anschließend die Haut abziehen.

4. Paprikaschoten in getrennten Gefäßen mit je 1 Teelöffel Butter, etwas Salz, Pfeffer und Rosmarin pürieren.

5. In Streifen geschnittene Hähnchenbrustfilets mit den Pürees anrichten.

Hähnchensnacks in Orangensauce

ZUTATEN:

- *1 Pck. Geflügel-Nuggets (500 g) (z.B. Wiesenhof)*
- *4 EL Orangenmarmelade*
- *1 große unbehandelte Orange*
- *1 EL Zitronensaft*
- *2 EL Senf*
- *1 TL milder Curry*
- *150 g Reis*
- *20 g Butterschmalz*
- *100 g Cashewkerne*
- *2 mittelgroße Zwiebeln*
- *Salz*
- *Pfeffer*
- *200 g Créme fraiche*

1. Die Geflügel-Nuggets auf dem Backblech verteilen, ca. 15 Minuten bei 200°C backen.

2. Die Marmelade und 1 TL abgeriebene Orangenschale mit Zitronensaft, Senf und Currypulver verrühren, die Snacks damit bepinseln und warm stellen.

3. Den Reis in kochendes Wasser geben und garen lassen. In der Zwischenzeit das Butterschmalz in einem flachen Topf erhitzen und die Cashewkerne unter Rühren rösten.

4. Die Zwiebel schälen, in Ringe schneiden, zu den Cashewnüssen geben und ebenfalls goldbraun rösten.

5. Reis untermischen und ebenfalls kurz anbraten. Zum Schluß die Orange filetieren, die Filets unter die Sauce heben, erhitzen. Salzen und pfeffern. Créme fraiche unterrühren, kurz aufkochen und die Hähnchensnacks dazugeben.

KÄSE-SAFRAN-SUPPE

ZUTATEN:

40 g Butter oder Margarine
40 g Mehl
1/2 l kräftig gewürzte Fleischbrühe
1/2 l Milch
1 Becher süße Sahne (200 g)
125 g geriebener Emmentaler Käse
1/4 TL Safranfäden oder Safranpulver
Salz
weißer Pfeffer aus der Mühle
100 g frische oder aufgetaute TK-Scampi
1 EL feingeschnittene Dillspitzen

1. Butter oder Margarine in einem Topf erhitzen und das Mehl darin unter Rühren hell anschwitzen lassen.
Mit Fleischbrühe und Milch ablöschen und unter gelegentlichem Rühren 10 Minuten sanft köcheln lassen.

2. Dann erst die Sahne, den geriebenen Käse und die Safranfäden oder das Safranpulver zugeben.

Die Suppe ständig weiterrühren, bis sich der Käse ganz gelöst hat und die Suppe sämig geworden ist.

3. Mit Salz und Pfeffer abschmecken und die zuvor abgespülten und abgetropften Scampi darin erhitzen.

4. Die Suppe in vorgewärmte Suppentassen oder -teller geben und mit den Dillspitzen garniert servieren.

TIP:

Wenn man frische Garnelen verwendet, muß man zuerst die Schale entfernen. So geht das: Drehen Sie zuerst den Kopf ab. Dann werden die Panzerringe von der Bauchseite her aufgebrochen und abgeschält und die Schwanzflosse einfach abgezogen. Anschließend den Darm aus der Rückenmitte mit einem kleinen, spitzen Messer entfernen.

GOURMET-TIP:

Man kann diese Suppe mit Stangenweißbrot als Vorsuppe oder »solo« als Zwischengang eines Menüs reichen.

KÄSE-TARTELETTEN

ZUTATEN:

1 Packung Tarteletten

FÜR DIE FÜLLUNG:

250 g Camenbert
4 Weinbergpfirsiche, frisch oder aus dem Glas
100 g Brombeeren
2 cl Pfirsichlikör
2 EL Limonensaft

FÜR DIE SAUCE:

200 g Brombeeren
50 g Puderzucker
2 EL Crème double

FÜR DIE DEKORATION:

4 EL rotes Johannisbeergelee

1. Pfirsiche mit kochendem Wasser überbrühen, Haut abziehen, entsteinen und in Spalten schneiden.

2. Brombeeren verlesen und waschen. Mit Pfirsichlikör und Limonensaft die Früchte marinieren. Etwas durchziehen lassen.

3. Früchte in die Tarteletten einschichten. Camenbert dünn schneiden und über die Früchte legen. Mit einem Klecks Johannisbeergelee garnieren.

4. Für die Sauce Brombeeren und Puderzucker pürieren und durch ein Haarsieb streichen. Auf die Teller einen Spiegel gießen.

5. Aus Pergamentpapier ein Tütchen wickeln. Mit Crème double füllen. Spitze abschneiden und unter leichtem Druck auf den dunklen Saucenspiegel eine weiße Spirale zeichnen. Mit einem Holzstäbchen von der Tellermitte aus strahlenförmig Linien ziehen.

GEFÜLLTES RUMPSTEAK MIT GEMÜSE

ZUTATEN FÜR 1 PORTION:

1 Rumpsteak (ca. 200 g)
je 1 Scheibe gekochter Schinken und Emmentaler Käse (25 g)
1/2 TL grober Senf
1 TL Öl
3 Scheiben Toastbrot
2 EL Milch
1 Ei
1 TL gehackte frische Petersilie
Salz
Pfeffer
Muskat
1 Chinakohlblatt
4 Radieschen
2 TL Créme fraiche
Paprika edelsüß
Mikrowellenfolie

1. In das Rumpsteak waagrecht eine Tasche einschneiden. Fleisch mit Schinken und Käse füllen und mit Zahnstocher zustecken.
Anschließend mit Senf bestreichen.

2. Öl in einer Pfanne erhitzen und das Steak auf jeder Seite ca. 1 Minute braun anbraten.

3. Brot entrinden, Brotinneres kleinschneiden. Milch, Ei, Petersilie, Salz, Pfeffer und Muskat verquirlen, mit dem Brot vermischen und quellen lassen.
Brotmasse in ein gewaschenes Chinakohlblatt einwickeln, eventuell mit Küchengarn festbinden.

4. Rumpsteak und Kohlwickel auf einem Teller anrichten. Radieschen waschen, in Scheiben schneiden und neben den Kohlwickel legen.

5. Steak mit Créme fraiche übergießen und mit Salz, grob gemahlenem Pfeffer und Paprika würzen.

6. Teller mit Mikrowellenfolie abdecken und das Gericht bei 600 Watt ca. 5 Minuten in der Mikrowelle garen.

7. Rumpsteak und Gemüse beliebig mit Dill und Schnittlauch garnieren und sofort servieren.

UMWICKELTE HÄHNCHENBRUST AUF PAPRIKAGEMÜSE

ZUTATEN:

2 doppelte Hähnchenfilets (à ca. 300 g)
2-3 Stiele Salbei
4 Scheiben Parmaschinken (à ca. 7 g)
2 EL Öl
Salz
Pfeffer
je 2 rote und gelbe Paprikaschoten
1 grüne Paprikaschote
1 Zwiebel
Paprika edelsüß
2 Pck. Les Sauces à la Béarnaise (à 250 ml) (z.B. von Thomy)

1. Das Fleisch waschen, trockentupfen und halbieren.

2. Den Salbei waschen und die Blättchen vom Stiel zupfen. Anschließend die Salbeiblättchen auf die Hähnchenfilets legen und mit je einer Scheibe Parmaschinken umwickeln.

3. Das Öl in einer Pfanne erhitzen und die Filets darin unter Wenden von allen Seiten bei mittlerer Hitze ca. 10 Minuten braten, mit Salz und Pfeffer würzen.

4. Inzwischen die Paprika putzen, waschen und in Stückchen schneiden. Die Zwiebel schälen und fein würfeln.

5. Nun die Hähnchenfilets aus der Pfanne nehmen und warmhalten.

6. Die Paprika und die Zwiebeln in das Bratfett geben und unter Wenden ca. 5 Minuten braten. Mit Salz, Pfeffer und Paprika je nach Belieben würzen.

7. Inzwischen die Sauce in einen Topf geben und erhitzen. Die Hähnchenfilets dann aufschneiden, auf dem Paprikagemüse anrichten, etwas Sauce darüber gießen.

8. Mit den restlichen Salbeiblättchen garniert servieren. Die restliche Sauce extra dazu reichen.

TIP:

Oft verbrennen die schmackhaften Kräuter auf dem Fleisch. Um dies zu verhindern, können Sie kleine Schnitte mit einem scharfen Messer in das Fleisch schneiden und die Kräuter hineinstecken. Bei Hähnchenteilen schieben Sie die Kräuter unter die Haut, so erhält das Fleisch mehr Aroma.

KOTELETTS MIT KÄSEKRUSTE

ZUTATEN:

4 große Kalbskoteletts (à ca. 200 g)
2 EL Mehl
1 Ei
Salz
weißer Pfeffer aus der Mühle
30 g geriebener Parmesankäse
2 EL Semmelbrösel
20 g Butter
2 EL feinste Olivenöl (Jungfernöl, Huile vierge)
1 Dose geschälte Tomaten (800 g)
1/2 Bund frisches Basilikum
1 Pck. Mozzarellakäse (150 g)

1. Die Koteletts vom Fleischer leicht klopfen lassen. Zu Hause kurz abspülen, damit eventuell vorhandene Knochensplitter entfernt werden. Mit Haushaltspapier abtupfen. Die Koteletts zuerst in Mehl wenden und überschüssiges Mehl abklopfen.

2. Das Ei mit Salz und Pfeffer verquirlen und die Koteletts durchziehen. Dann in einer Mischung aus dem Parmesan und den Semmelbröseln wenden. Die Panade fest andrücken.

3. Butter und Olivenöl in einer großen, möglichst beschichteten Pfanne erhitzen und die Koteletts darin auf jeder Seite 4 Minuten anbraten, bis die Panade eben beginnt, knusprig zu werden. Die Koteletts nebeneinander in eine flache, feuerfeste Form legen.

4. Die Tomaten abgießen (den Saft anderweitig verwenden), hacken und dabei eventuell noch vorhandene Stengelansätze abschneiden. Die Tomaten über die Koteletts streichen.

5. Basilikum abspülen, trockentupfen, die Blätter abzupfen, grobhacken und über die Tomaten streuen.

6. Den Käse abtropfen lassen, in 8 Scheiben schneiden und die Koteletts damit belegen. Im vorgeheizten Backofen bei 200°C (Gas: Stufe 3) 15 Minuten überbacken. Dann in der Form servieren.

GOURMET-TIP:

Dazu Risotto mit Zwiebeln, Erbsen und Tomatenwürfeln und grünen Salat in einer Sauerrahm-Kräuter-Soße reichen.
Als Getränk einen trockenen Südtiroler Weißwein servieren.

HÄHNCHEN IN ROTWEINSOSSE MIT GEMÜSE

ZUTATEN FÜR 1 PORTION:

1 Hähnchenviertel (ca. 250 g)
Salz
Pfeffer
Thymian
1 mittelgroße Zwiebel
75 g frische Champignons
1 TL Öl
25 g Frühstücksspeck
1/8 l Rotwein
dunkler Fix-Soßenbinder
1/2 Tomate
1/2 gelbe Paprikaschote
100 g TK-Erbsen
1 Prise Zucker
Mikrowellenfolie (z.B. Toppits von Melitta)

1. Hähnchen mit Salz, Pfeffer und Thymian würzen.

2. Zwiebel schälen und halbieren, eine Hälfte aushöhlen, Zwiebelinneres und zweite Zwiebelhälfte hacken. Champignons putzen und in Viertel oder Scheiben schneiden.

3. Öl in einer Pfanne erhitzen, gewürfelten Speck darin anbraten, Speck herausnehmen und im Speckfett das Hähnchen ringsum rösch anbraten. Hähnchen herausnehmen.

4. Zwiebelwürfel in der Pfanne gelblich anschwitzen lassen, Champignons zugeben und kurz mitdünsten, Rotwein zugießen, ca. 2 Minuten einkochen lassen.

5. Soße mit Salz und Pfeffer würzen und mit Soßenbinder leicht andicken.

6. Tomatenhälfte aushöhlen, Paprikaschote entkernen, waschen, in Quadrate schneiden und die Tomate damit füllen. Die ausgehöhlte Zwiebel mit Erbsen füllen, die mit einer Prise Zucker gewürzt werden.

7. Hähnchenviertel, Tomate und Zwiebel auf einem Teller anrichten, mit Folie abdecken, bei 600 Watt 8 Minuten im Mikrowellengerät garen.

GOURMET-TIP:

Dazu empfehlen wir Weißbrot und einen trockenen Weißwein.

ÜBERBACKENER HEILBUTT MIT GEMÜSE

ZUTATEN:

- *4 Heilbutt-Kotelett à 200 g*
- *3 EL Zitronensaft*
- *Salz*
- *Pfeffer*
- *30 g Holland-Butter*
- *1/8 l Weißwein*
- *125 g Holland-Gouda mittelalt*
- *2 Eier*
- *Salz*
- *Pfeffer*
- *2 TL gehackter Dill*
- *2 TL gehackte Petersilie*
- *2 TL Schnittlauchröllchen*
- *250 g Zwiebeln*
- *1 Knoblauchzehe*
- *30 g Holland-Butter*
- *400 g Zucchini*
- *1/2 TL Kräuter der Provence*
- *250 g Kirschtomaten*

1. Fisch säubern, mit Zitronensaft beträufeln, salzen, pfeffern. In Butter mit Wein ca. 8 Minuten dünsten.

2. Fisch in eine ofenfeste flache Form legen.

3. Käse reiben, Eier trennen, Eiweiß mit einer Prise Salz zu Schnee schlagen. Eigelb mit Pfeffer und Kräutern mischen, eine Hälfte des Käses zugeben. Restlichen Käse und die Eicreme locker unter den Eischnee heben. Käseschaum auf den Fischscheiben verteilen. Im vorgeheizten Backofen bei 220°C 3-4 Minuten überbacken

4. Für das Gemüse geschälte Zwiebeln in grobe Würfel schneiden. Mit zerdrückter Knoblauchzehe in Butter fünf Minuten andünsten.

5. Gewaschene und gewürfelte Zucchini, Salz, Pfeffer und Kräuter zugeben, 10 Minuten dünsten.

6. Tomaten waschen, kreuzweise einritzen und noch 5 Minuten im Gemüse mitgaren. Zum Fisch mit Salzkartoffeln servieren.

HERZHAFTES LIMBURGER GEMÜSERAGOUT

ZUTATEN:

- *500 g Dinkelhörnchen*
- *2 feingehackte Knoblauchzehen*
- *ca. 1 kg junges Gemüse, z.B. Möhren, Brokkoli, Kohlrabi und Sellerie*
- *100 g Butter*
- *350 g Schlagsahne*
- *Salz, Pfeffer*
- *Cayennepfeffer*
- *200 g Limburger*
- *Butter zum Ausfetten der Form*

1. Dinkelhörnchen in Salzwasser bißfest kochen.
Abgießen, heiß überbrausen und abtropfen lassen.
Warm stellen.

2. Das Gemüse phantasievoll schneiden.

3. Knoblauch in Butter anbraten, Gemüse zugeben, durchschwenken, mit Salz, Pfeffer, Cayennepfeffer würzen.

4. Mit Schlagsahne auffüllen und bei wenig Hitze garen.

5. Hörnchen in einer mit Butter gefetteten Gratinform anrichten.
Die Sahnesauce über die Dinkelhörnchen gießen und das Gemüse darauf anrichten.

6. Mit dünnen Scheiben Limburger belegen.
Unter dem Grill gratinieren bis der Käse eine goldbraune Kruste hat.

GOURMET-TIP:

Besonders gut schmeckt dazu ein kühles Pils.

KÄSE-SAUERKRAUTPUFFER

ZUTATEN:

1 Packung Kartoffel-Puffer (z.B. von Maggi)
1 Ei
1 Dose Sauerkraut (341 ml)
3 EL Sonnenblumenöl (z.B. von Thomy)
1 Dose Ananas, geraspelt (446 ml) (z.B. von Libby's)
8 Scheiben Gouda-Käse (45% Fett i. Tr.)

1. Packungsinhalt mit dem Schneebesen in 1/2 l kaltes Wasser einrühren und das Ei zugeben.
Das Ganze 10 Minuten quellen lassen.

2. Das Sauerkraut abtropfen lassen, kleinschneiden und unter die Puffermasse mischen.

3. Das Sonnenblumenöl in der Pfanne heiß werden lassen. Pro Puffer 2 EL Sauerkraut-Puffermasse zugeben und von beiden Seiten braun braten. Sauerkraut-Puffer erst wenden, wenn sich ein brauner Rand gebildet hat.

4. Die Puffer auf ein mit Backpapier ausgelegtes Backblech legen.

5. Die Käsescheiben halbieren, auf die Puffer legen und im vorgeheizten Backofen bei 200°C ca. 10 Min. überbacken.

GOURMET-TIP:

Verwenden Sie zum Überbacken immer Käse mit hohem Fettgehalt. Er schmilzt besser und bildet eine schöne Kruste.

GEBRATENE EMMENTALERWÜRFEL IM SPECKMÄNTELCHEN

FÜR DIE KÄSESPIESSE:

16 Scheiben sehr dünn geschnittener Bauchspeck
400 g Allgäuer Emmentaler
4 Holzspieße
3 EL Öl

FÜR DEN SALAT:

1 Stange Lauch
1 Kopf Frisée-Salat
5 EL Gemüsebrühe
2-3 EL Weißweinessig
1-2 EL grober Senf
1 Knoblauchzehe durchgepreßt
6 EL Walnußöl
Salz, Pfeffer
Zucker

GOURMET-TIP:

Dazu paßt knuspriges Landbrot oder frische Brötchen

1. Den Lauch in feine Ringe schneiden, mit heißem Wasser überbrühen und in kaltem Wasser abschrecken.
In einem Sieb abtropfen lassen.

2. Den Friséesalat putzen, waschen und in der Salatschleuder trockenschleudern.

3. Für die Salatsauce Gemüsebrühe mit Weißweinessig, Senf und Knoblauch glattrühren.
Nach und nach das Öl zugeben und mit Salz, Pfeffer und einer Prise Zucker abschmecken.

4. Lauch und Frisée-Salat auf Tellern anrichten und mit der Sauce übergießen.

5. Den Käse in 16 gleichmäßige Würfel schneiden und mit jeweils zwei Scheiben Speck, eine längs, eine quer gewickelt, rundum einschlagen.

6. Jeweils vier Käsewürfel auf einen Holzspieß stecken und die Spieße in einer Pfanne mit dem Öl bei starker Hitze von allen Seiten goldbraun braten.
Auf Küchenpapier abtropfen lassen und sofort auf dem Salat servieren.

KÄSE-ROULADE

ZUTATEN:

50 g Butter
50 g Mehl
250 ml Milch
200 g Allgäuer Bergkäse (gerieben)
4 Eigelb
Salz
Pfeffer
Muskatnuß
4 Eiweiß
300 g Doppelrahmfrischkäse
je 1 gelbe und grüne Paprikaschote
2 Bund Schnittlauch
Cayennepfeffer

1. Butter in einem Topf schmelzen lassen und das Mehl darin erhitzen.

2. Mit Milch ablöschen und 150 g geriebenen Bergkäse darin schmelzen.
Die Eigelbe unterziehen.

3. Die Masse kräftig würzen und etwas abkühlen lassen.

4. Die Eiweiße zu Schnee schlagen und unterheben.
Ein Blech mit Backpapier auslegen und die Teigmasse darauf glattstreichen.
Im vorgeheizten Backofen bei 180°C (Gas Stufe 2-3) 15 Minuten backen, danach leicht abkühlen lassen.

5. Für die Füllung den Frischkäse, die in Würfel geschnittenen Paprika und den in Röllchen geschnittenen Schnittlauch verrühren und würzen.

6. Den gebackenen Käseteig damit bestreichen und mit dem Backpapier zu einer Roulade aufrollen.
Auf dem Blech mit dem restlichen Bergkäse bestreuen und unter dem Grill grantinieren bis der Käse Farbe bekommt.

GOURMET-TIP:

Dazu empfehlen wir einen frischen knackigen Blattsalat.

SPARGEL-KÄSECREMESUPPE MIT RÄUCHERLACHS

ZUTATEN:

- *600 g Spargel*
- *Salz*
- *1 TL Zucker*
- *50 g Butter*
- *40 g Mehl*
- *1/4 l Schlagsahne*
- *50 g geriebener Holland-Gouda, alt*
- *1 TL Hühnerbrühe (Instant)*
- *wenig geriebene Muskatnuß*
- *1 Eigelb*
- *50 g Räucherlachs*
- *20 g Brunnenkresse*

1. Spargel schälen, waschen, in 3 cm lange Stücke schneiden.
In 3/4 l mildem Salzwasser mit Zucker 15 Minuten garen.
Über einem Sieb abgießen, Kochwasser auffangen.

2. Butter schmelzen, Mehl einrühren, mit Spargelwasser und Sahne auffüllen, 5 Minuten kochen lassen.

3. Geriebenen alten Gouda einrühren.
Mit Hühnerbrühe und Muskat abschmecken.

4. Spargelstücke zugeben.
Ca. 4 Eßlöffel Suppe mit dem Eigelb verquirlen, in die Suppe rühren - nicht mehr aufkochen lassen.

5. Suppenportionen vor dem Servieren mit Räucherlachsstreifen und gewaschenen Brunnenkresseblättchen garnieren.

KABELJAUFILETS AUF ITALIENISCHE ART

ZUTATEN:

- *500 g Kabeljaufilets*
- *Saft von 1/2 Zitrone*
- *je 2 TL Basilikum und Oregano*
- *Salz, Pfeffer*
- *500 g reife Tomaten*
- *4 Sardellenfilets*
- *je 75 g geriebener Emmentaler Käse und Parmesankäse*
- *2 EL Olivenöl*
- *Basilikumblättchen*

1. Kabeljaufilets mit Zitronensaft beträufeln, 15 Minuten marinieren.

2. Fischfilets in eine grill- und mikrowellenfeste Form aus Glas, Porzellan oder Spezialplastik geben und mit Basilikum, Oregano, Salz und Pfeffer bestreuen.

3. Tomaten waschen, in Scheiben schneiden und dachziegelartig zwischen die Fischfilets legen.

4. Gehackte Sardellen und geriebenen Käse über Fisch und Tomaten streuen. Das Öl darüberträufeln.

5. Die Form ohne Deckel in das Mikrowellenkombinationsgerät schieben.
Grill auf Stufe 1 und die Mikrowelle auf 600 Watt stellen und die Kabeljaufilets ca. 14 Minuten garen.

6. Das Fischgericht vor dem Servieren mit Basilikumblättchen garnieren.

GOURMET-TIP:

Dazu schmeckt ein Roséwein.

ZUCCHINI-BACKKARTOFFELN ODER MIT BASILIKUM-KÄSE-HAUBE

ZUTATEN FÜR DIE ZUCCHINI-BACKKARTOFFELN:

8 festkochende Kartoffeln (z.B. Granola)
Salz, Pfeffer
100 g Cheddarkäse
1 Zucchini

1. Kartoffeln gründlich waschen, längs halbieren. Salzen, pfeffern.

2. Käse reiben. Jede Kartoffelhälfte mit etwas Käse bestreuen, auf gefettetes Blech setzen.

3. Zucchini in Scheiben schneiden, auf dem Käse verteilen. Salzen, pfeffern.

4. Mit restlichem Käse bestreuen. Im auf 180 °C (Gas: Stufe 2) vorgeheizten Ofen 30 Minuten backen.

ZUTATEN FÜR DIE KARTOFFELN MIT BASILIKUM-KÄSE-HAUBE:

1 kg mittelgroße Kartoffeln
2 Bund Basilikum
100 g Emmentaler
6 EL Öl
Salz
Pfeffer
4 Knoblauchzehen
Salz zum Bestreuen
etwas Fett für das Blech

1. Kartoffeln unter fließendem Wasser abbürsten, halbieren und mit der Schnittfläche nach unten auf ein gefettetes Backblech legen.
Im auf 200°C (Gas: Stufe 3) vorgeheiztem Backofen ca. 15 Min. backen.

2. Basilikum waschen, trockenschütteln, die Blättchen abzupfen und fein hacken.
Käse reiben.
Beides mit Öl zu einer zähen Masse verrühren.
Mit Salz und Pfeffer würzen.

3. Knoblauchzehen schälen und in dünne Scheiben schneiden.

4. Die Kartoffeln wenden. Den Knoblauch und die Basilikum-Käse-Masse auf den Schnittflächen verteilen.

5. Im Backofen 5-10 Minuten überbacken.
Vor dem Servieren mit groben Salz bestreuen.

REGISTER

10 MINUTEN GERICHTE

15 MINUTEN GERICHTE

20 MINUTEN GERICHTE

25 MINUTEN GERICHTEN

30 MINUTEN GERICHTE

35 MINUTEN GERICHTE

40 MINUTEN GERICHTE

WIR DANKEN FOLGENDEN FIRMEN FÜR IHRE FREUNDLICHE UNTERSTÜTZUNG:

Centrale Marketing-Gesellschaft der deutschen Agrarwirtschaft mbH 12, 13, 19, 85, 101, 103, 113, 127, 139, 151, 155, 157
ADAM-Äpfel 39, 107
Koopmans 59
Maggi 29, 153
Uncle Ben's 31, 105, 117, 119, 125
Knorr 43, 89
Wiesenhof 49, 133, 135
Frau Antjes Feinschmecker-Studio 51, 149, 159
USA Erdnüsse 63
USA Sonnenblumenkerne 99, 109
Kikkoman 73, 121
Müller's Mühle 75
LDH 79, 97
Mazola 83
Suzi-Wan 115
Thomy 87, 91, 143
Fuchs Gewürzgarten 129
Tholstrup Cheese 131

Genehmigte Lizenzausgabe für EDITION XXL GMBH Reichelsheim-Beerfurth, 1998

ISBN 3-89736-007-1